다른 사람들이 ... 도우면
당신 역시 ...

KB107810

_____ 님께

경제적 자유를 꿈꾸는 당신께
평생부자의 소망을 담아 드립니다.

_____ 드림

지갑이 마르지 않는
평생부자

지금 당장
일을 그만두면
당신은
얼마나 버틸 수 있는가?

지갑이 마르지 않는
평생부자

윤은모 지음

전나무숲

평생부자의 꿈을 가진 이들에게 그 문을 여는 열쇠가 되었으면 하는 바람으로 첫 탈고를 한 지 6년이 지났다. 그동안 세상은 여전히 시간을 다스리는 크로노스(Chronos)가 지배하기에 온갖 천재지변조차 평정해버리고 아무 일 없었다는 듯 한결같이 흐르는 강물처럼 흘러왔다.

그러는 동안 다행히 이 책은 책방의 서고에서 사라지지 않고 꾸준히 사랑받고 있으니 참으로 감사한 일이다. 한편으로는 인터넷 포털 사이트의 카페, 블로그 등에 이 책이 추천되고 소개되는 것을 볼 때마다 뿌듯함과 함께 더 큰 책임감이 느껴졌다. 이것이 개정판을 생각하게 된 계기이다. 게다가 요즘 들어 평생부자를 꿈꾸는 이들이 더 많아지고, 경제적인 변화에 대한 관심이 더 커지고, 주변의 더 많은 이들이 '부자'라는 단어에 관심 갖는 것을 보면서 이들의 욕구를 더 확실히 해소해줄 내용을 책에 담아야겠다고 마음을 먹게 되었다.

초저금리시대를 사는 법

　2020년 들어 사람들은 이제까지 경험하지 못한 초저금리 상황을 경험하고 있다. 그 속에서 저축은 더 이상 자산 형성의 수단이 될 수 없다고 판단한 이들은 빚을 내서라도 주식과 부동산에 투자하는 방식으로 재테크에 뛰어들고 있다. 이러한 사람들의 마음을 반영하듯 이미 서점의 진열대와 SNS는 주식, 부동산 등 재테크 관련 주제들로 화려하게 장식되어 있다. 어찌 보면 너무 당연한 현상이다. 전 세계적으로 거의 무제한적인 통화 팽창과 가계 부채, 국가 부채의 증가는 역설적으로 큰 부담이 되는 금리 인상을 억제할 수 있어 초저금리 상황이 상당 기간 이어질 것으로 판단되지만, 한편으로는 금리의 작은 되돌림이 큰 재앙이 될 수도 있기에 재테크에 관한 새로운 관점과 전략이 요구된다. 현재의 저금리가 유혹하는 부채 레버리지(leverage)가 너무나 큰 위험으로 다가올 것이기 때문이다.

일반적인 의미의 재테크는 단기적 혹은 일회성의 가능성을 내포한다. 이러한 일회성 재테크의 성공은 또 다른 일회성 재테크에서 눈을 떼지 못하게 하는 속성이 있다. 그러니 재테크에 성공한 이들보다 실패한 이들이 더 많아질 수밖에 없다. 물론 늘 성공할 수만 있다면 누구나 '돈 많은' 부자가 될 수 있겠지만 그럴 가능성은 거의 없기 때문이다.

한편으로 과학과 기술의 빠른 발달이 기대되면서도 한편으로는 점점 미래의 불확실성을 키우고 있으니 재정적으로 미래를 준비해야 한다는 위기의식도 짙어지고 있다. 어쩌면 인간의 수명이 점점 길어지는 현실에서 노후의 삶의 질에 대한 걱정이 앞서기 때문일 것이다. 그래서 소위 연금과 같은 지속적 수입을 보장하는 직업군이 각광을 받기 시작했다. 이는, 많은 이들이 일시적인 수입의 크기보다는 연금 같은 지속적인 수입의 가치를 인식하고 있다는 의미이다. 연금의 시초는 2,000년 전 제정 로마시대에 장기 복무한 로마병들을 위한 군인연금으로 알려져 있는데, 이는 목숨 걸고 싸움터에 나가야 했던 군인들에게는 살아남은 이후에 혹은 전사 후 남겨진 가족들에게 줄 수 있는 유일한 희망이 아니었을까? 이제 100세 시대를 사는 우리 역시 그러한 지속적인 '자산성 수입'에 목숨까진 아니더라도 전심을 다해야 하지 않을까 한다.

그러고 보니 책제목에 쓰인 '평생'의 의미가 더욱 진하게 다가온다. 일회성 혹은 임시적이 아닌 내 주머니에 지속적으로 꾸준히 들어오는 수입의 현금흐름을 뜻하는 말이니까. 이 책은 재테크 노하우보다는 경제와 돈에 대한 기초적인 상식의 폭과 깊이를 키워 부와 재정적 안정에 흥미를 갖게 하고 소비, 투자, 자산 등 부의 기본을 이해함으로써 온갖 일회성 수입의 유혹에 대항하여 현금흐름 관점의 금융지식과 수입의 속성에 관한 변별력을 갖게 하는 데 그 가치가 있다.

욕망에도 균형이 필요하다

세상과 자연의 이치를 설명하는 중심단어 중에 제일 중요한 단어는 '균형'이 아닌가 싶다. 잘 어우러진 상태를 표현하는 '조화'나 치우침이 없는 '중용'도 같은 의미라고 이해할 때, 부자에도 균형이란 단어가 필요하지 않을까? 평생 돈 걱정이 없는 상태를 '평생부자'라고 정의하고, 부자를 돈의 크기가 아닌 시간의 개념으로 파악한 '부자의 정의'는 여전히 '얼마나 버는데?' 혹은 '얼마가 있는데?'라는 질문이 더 쉽게 다가오는 때에 부에도 '균형'이 필요함을 생각케 한다. 일회성이든 지속적이든 많을수록 좋다는 생각을 떨쳐버리기 어려운 것이 사실이지만 지나친 욕심 또한 경계가 필요하기 때문이다. 사람의 욕심에는 끝이 없다고 하지만 절제로 그 균형을 찾아야 한다는 교훈이 되는 이야기를 소개하면서 개정판을 시작한다. 이는 우화적인 단편소설로, 종교에 깊이 귀의한 톨스토이가 사람들의 끝없는 욕망을 빗대어 말년에 쓴 작품이다.

어느 땅 욕심이 많은 농부가 이미 많은 땅을 소유하고 있음에도 소문을 하나 듣게 되었는데, 해뜨기 시작하여 해지기 전까지 걸음을 옮긴 모든 비옥한 땅을 공짜나 다름없는 싼값에 주는 사람이 있다는 것이다. 사실 이는 욕심이 지나친 이들에게 다가가는 악마의 유혹이었다. 하지만 이에 솔깃한 농부는 그를 찾아가 한 평이라도 더 가지려고 해가 뜨자마자 달리기 시작하여 욕심껏 멀리 갔다가 해지는 시각에 맞추려고 허겁지겁 뛰어 돌아오는 바람에 결국 체력이 다해 도착하자마자 기진해 죽고 말았다. 그리고 결국 그는 3평짜리 무덤을 차지하게 되었다.

'평생부자'의 또 다른 의미는 평생수입과 더불어 '만족할 줄 아는' 이라는 의미가 내포되어 있다는 것을 깨닫길 바란다. 사람의 욕심은 끝이 없으니, 어느 선에서 스스로 만족하지 않은 이들에겐 매달 연금 같은 충분하고 꾸준한 수입이 있다 해도 결코 부자가 되지 못할 것이다. '부족함을 느끼는 부자'는 결코 부자라 부를 수 없기 때문이다.

Action!
평생부자가 되기 위해 해야 할 것들

Come True!
'평생부자'가 실현되는 기회와 선택

Preview

이제는
삶의 여유를 찾은
나의 이야기

딸이 일깨워준
부자의 꿈

　20년 전쯤이다. 어느 날 초등학교 3학년 딸아이가 집에 돌아와 책가방을 던져놓으며 뜬금없이 물었다.

　"아빠, 우리가 부자야?"

　갑작스런 질문에 당황한 나는 잠시 침묵했다가 되물었다.

　"글쎄…. 그런데 그건 왜 묻니?"

　"응, 오늘 새로 사귄 소영이가 우리가 13단지에 산다고 '너네 집 부자냐'고 묻잖아."

　"그 친구는 어디 사는데?"

　"7단지."

문득 '아파트 평수가 부의 척도가 될 수 있을까?' 하는 의문과 함께 '그래, 제법 넓은 평수에 사는 우리는 네 친구네보다는 부자겠지?'라는 생각도 들었다.

나는 아이의 생각이 궁금해졌다.

"너는 우리가 부자라고 생각해?"

"아니."

아이의 대답에는 머뭇거림이 없다.

"왜?"

"음, 지난번에 엄마가 나 영어 과외 시키고 싶다고 했더니 아빠가 우리는 그럴 여유가 없다고 했잖아. 우리가 부자인 줄 아느냐고."

세세한 기억은 없지만 우리 부부는 돈 문제로 종종 다투었다. 나는 늘 여유가 없다고 생각했고 아내는 아이들에게 이것저것 해주고 싶어 했다. 돈을 어디에 쓰고 얼마나 쓸지에 대한 견해차가 클수록 언성은 높아졌다. 부부싸움의 95%가 돈 문제 때문이라더니, 우리도 예외는 아니었다.

그 시절에 나는 외국계 대기업에서 임원 승진을 눈앞에 두고 있었다. 또래의 다른 직장인들보다 봉급이 비교적 많은 편이어서 누군가로부터는 제법 부러움을 샀을 테지만, 정작 나는 삶의 질에서 다른 사람들과 큰 차이를 느끼지 못했다.

'그동안 열심히 살았는데 왜 아직 부자가 아닌 거지?'

스스로 속절없는 상념에 잠겨 있는데 딸아이의 따가운 질문이 이어졌다.

"아빠, 그럼 우린 언제 부자가 돼?"

"음, 아빠가 회사에 열심히 다니고 있으니 조금만 있으면 부자가 될 거야."

아이에게 긍정적인 대답을 해야 한다는 의무감과 '임원이 되면 나아지겠지!' 하는 기대가 합쳐져 희망적인 대답이 흘러나왔다.

이듬해에 나는 회사를 옮겨 다른 외국계 대기업의 임원이 되었다. 비록 업무에 대한 책임의 범위와 스트레스는 크게 늘었지만, 봉급이 제법 많아지고 사회적 자신감과 대외적 위상이 높아지니 행복감도 상승한 것처럼 느껴졌다.

하지만 승용차의 크기와 씀씀이가 커지고 아이들의 교육비도 늘어나면서 주머니 사정은 여전히 넉넉하지 못했다. 모처럼 가족과 함께 외식할 때도 아내와 쇼핑할 때도 가격표를 먼저 살펴보기 일쑤였다. 게다가 언제 물러나야 할지 몰라 '임시 직원'이라고 자조하게 되는 임원의 자리는 희망보다는 미래에 대한 새로운 걱정을 만들어냈다. 집이 위치한 서울 근교에서 직장이 있는 서울의 강남까지 아침저녁으로 오가다 보니 고단함과 피로감은 점점 쌓여갔다.

가끔은 나 자신이 한심하게 느껴졌다. 청년 시절부터 부자를 꿈꾸며 정말 열심히 살아왔고 나름 성공한 것도 같은데 왜 여전히 부족한 건지, 과연 부자가 될 수 있을지 불안하고 초조했다.

나는 고등학교 이후로 여유로운 삶을 꿈꾸며 살아왔다. 그렇게 되기 위해 관심 분야의 성공담을 많이 보고 들었다. 자신의 분야에서 성공하고 부(富)까지 축적한 분들의 인생을 조명하고 분석한 책들을 읽다 보면 '나도 그들처럼 될 수 있다'는 희망이 용솟음쳤고, 이렇게 저렇게 하면 성공해서 곧 부자가 될 수 있을 것 같은 감동에 나도 모르게 주먹을 불끈 쥔 적이 많았다.

그러나 부자에 대한 감동과 설렘, 용기는 매번 퇴색되었다. '꿈을 꾸면 이루어진다!'거나 '나는 이렇게 성공했다!' 식의 성공담이 주는 가르침은 공감을 일으키고 용기는 줄지언정 현실적인 방법은 알려주지 않았다. 그래서 그들의 이야기에서 빠져나오는 순간 '그래서 어쩌라고?' 하는 의문이 생기고, 실제 뭔가 해보려 하면 높은 벽에 가로막힌 듯 막막했다.

그들의 가르침은 대체로 '지금 하는 일을 남보다 더 부지런하게 열심히 하면 언젠가는 부자가 될 수 있다'는 것이었다. 정말 그렇다면 우리 집에 오는 가사도우미 아주머니도 친하게 지내는 세탁소 아저씨도 부자여야 한다. 전문 지식이나 높은 학위가 있어야 부자가 될 수 있는 것이라면 경제학 박사나 경영학 교수는 모두 부자여야 한다. 그러나 세상일은 그리 단순하지 않음이 분명하다.

비싼 수업료와 맞바꾼
깨달음

나는 초등학교 때까지 시골에서 지냈다. 어린 시절에 우리 집은 제법 부자였다. 아버지는 할아버지께 물려받은 재산으로 여러 가지 사업을 벌이셨고, 그 덕에 나는 김과 달걀말이를 반찬으로 점심도시락을 싸오는 몇 안 되는 아이들 중의 하나였다. 하지만 아버지의 사업이 기울고 건강 악화로 아버지가 돌아가시면서 나는 등록금을 걱정해야 하는 처지가 되었다. 그때가 고등학교 2학년 봄이었다.

그러나 잃는 것이 있다면 얻는 것도 있는 법. 아직 어리다고 할 수 있는 나이에 갑자기 겪게 된 경제적 어려움은 내가 돈과 경제 흐름에 민감해지고 부유한 삶을 간절히 꿈꾸는 계기가 되었다.

작은 노력들로 부자의 꿈을 키워가고 있을 때, 아직 대학을 졸업하기도 전인 1970년대 후반에 우연히 중동 특수에 의한 건설주 파동을 목격하게 되었다. 중동지역의 오일머니에 의한 건설 붐과 강남지역 개발 특수가 맞물려 건설주는 짧은 기간에 십수 배나 뛰었고, 그 현상을 지켜보면서 '주식을 하면 나도 부자가 될 수 있지 않을까?' 하는 희망을 품었다. 그때부터 아르바이트를 해서 번 돈의 일부를 주식에 투자했고, 대학을 졸업하고 직장에 입사해서는 봉급의 일부를 주식에 투자했다.

1980년대에 우리나라 주식시장은 비약적으로 성장해 나를 비롯한 주식 투자자들 대부분은 제법 큰돈을 만질 수 있었다. 그 돈으로 나는 30대의 젊은 나이에 서울 시내에 위치한 제법 큰 평수의 아파트를 장만했다. 번듯한 집, 안정된 직장에 부수입까지 두둑해지니 큰 부자는 아니지만 남부러울 것 없는 경제적 여유를 누릴 수 있었다. 틈틈이 부동산과 경매물도 둘러봤다. 투자 가치가 있다고 여겨지는 물건(物件)이 있으면 가진 것을 담보로 빚까지 얻어가며 때때로 분수를 넘어서는 큰 투자를 감행했다.

하지만 작은 성공이 교만을 부른 것일까? 욕심이 커져 꺼지기 전의 화려한 불꽃을 알아보지 못한 것일까? 하필이면 그때 IMF 경제위기 상황을 맞고 말았다. 결국 그동안 쌓은 것을 거의 모두 잃고 적지 않은 부채마저 안게 되었다.

우리 가족은 서울 시내에서 조금 떨어진 도시로 이사하고 재기를 모색했지만 가진 것이 없고 자신감마저 잃어 쉽지 않았다. 직장이 주는 봉급 안에서 분수껏 사는 대신 더 풍요롭게 살기 위해 투자를 배우고 돈을 벌려고 애썼는데, 한순간에 가진 것을 모두 잃고 나니 꿈꿔오던 부유한 삶에서 더 멀어진 것 같았다. 한때 잘나가던 사람들이 어떻게 해서 추락하는지, 한 번의 실패가 얼마나 많은 것을 앗아가는지를 처절히 느꼈다.

그렇게 희망을 잃고 힘겨워 하고 있을 때 로버트 기요사키(Robert Kiyosaki)를 만난 것은 행운이었다. 나는 그의 책《부자 아빠 가난한 아빠》를 통해 진정한 부는 차곡차곡 쌓아가는 것이며, 연금을 받듯 꾸준히 지속되는 현금흐름을 만들어야 함을 깨달았다. 그리고 어느 정도 사는 데 필요한 만큼의 충분한 현금흐름을 만들 수 있다면, 그 꾸준한 수입이 나를 돈 걱정에서 벗어나게 한다면, 그것이 곧 내가 바라는 부유한 삶이며 평생부자가 아니겠느냐는 생각을 갖게 되었다. 종종 실패가 성공보다 더 큰 것을 가르치고 보여준다는 말이 맞는 듯하다.

당신을 위한
부자 수업

이 책은 성공과 실패를 번갈아 경험하다 이제는 삶의 여유를 갖게 된 나의 이야기이기도 하다. '선생님, 어떻게 공부하면 좋은 성적을 받을 수 있을까요?'처럼 '부자님, 어떻게 하면 나도 부자가 될 수 있을까요?'라는 물음에서 시작해 '왜 누구는 부자로 살고 누구는 가난하게 살까, 평생부자로 살려면 어떻게 해야 할까?'에 보다 현실적인 답을 해보려는 시도를 담고 있다.

사실 우리가 원하는 부자의 모습은 늘 주머니가 두둑해서 언제든 필요할 때 돈을 꺼내 쓰는 여유롭고 너그러운 삶을 사는 사람이다. 재산이 아무리 많아도 당장 주머니가 비어 있다거나, 5년 뒤 10년 뒤를 걱정해야 하는 처지라면 무슨 소용이 있겠는가?

그렇다. 부자란 언제든지 필요할 때 주머니에서 돈을 꺼내 쓸 수 있는 사람이다. 평생을 말이다. 그러려면 가계경제의 사이클을 이해하고 현금흐름을 통제할 수 있어야 한다. 또 수입을 늘리기 위한 투자와 투자의 대상이 되는 자산을 구체적으로 이해하고 변별력을 키워 쌓이는 것에 투자하는 방법을 알아야 한다. 부자들의 상식적이고 보편적인 금융지능인 레버리지(leverage)에 대하여도 알아야 한다.

나 자신의 지적(知的) 변화도 필요하다. 모처럼 마련된 목돈으로 새 승용차를 장만하면서 '이것도 투자'라고 생각하는 아둔함이나, 작은 이익과 손실에 흔들려 '투자'를 '거래'로 바꿔버리는 조급함으로는 어떤 수단이 쥐어진다 해도 부자가 될 수 없다. 게으름과 새로운 것에 대한 두려움을 떨쳐내지 않고는 작은 성공도 손에 쥐지 못한다. '변화'가 성공의 시작이기 때문이다.

그래서 나는 이 책에서 당신에게 어떤 변화가 필요한지, 부자의 꿈에 이르려면 매일 무엇에 투자해야 하는지, 구체적인 방법과 수단은 무엇인지, 행복한 삶을 위해서는 어떤 가치들을 키우고 가꿔야 하는지를 이야기하려고 한다. 또 우리의 삶을 바꾸는 시간의 비밀과 단골손님을 만드는 사업의 본질, 평생부자의 꿈을 이루는 데 필요한 구체적인 성공 습관도 알려준다. 그저 좋은 말들을 나열하거나, 읽는 동안의 만족으로 그치는 책이 되지 않으려고 노력했다.

경제상황이 어렵다 보니 꿈을 꾸어도 이룰 수 없다는 패배감이 사람들의 마음속에 자리 잡고 있는 것 같다. 그런 현실에 지친 탓인지 한편에서는 '푸어(poor)'가 또 다른 편에서는 '힐링(healing)'이란 단어가 유행처럼 사용된다. 감성과 감정을 터치하는 책들이 인기를 얻고, TV와 인터넷에는 예능 프로그램이 넘쳐나고, 사람들은 스타와 스포츠에 열광하며 '공감'을 쏟아낸다. 그런데 그 위로와 공감이 차가운 현실의 벽을 한 뼘이라도 뒤로 물릴 수 있는가? 치유와 위안을 주는 것 같지만 사실은 일시적이고 즉흥적으로 감정만 소비하게 만들 뿐이다.

점점 길어지는 삶의 길이를 생각하면 우리는 돈과 경제에 조금 더 냉정해질 필요가 있다. 자본주의 사회에서 부(富)를 외면하고 삶의 질과 행복을 보장받기는 어렵기 때문이다. 이 책은 차가운 현실과 타협하지 않는다. 감정의 소비를 끌어내지도 않는다. 그보다는 뜨거운 열정과 간절함으로 부와 성공을 좇는 사람들에게 필요한 모든 내용을 담았다.

살아온 날들보다 살아갈 날이 더 많은 100세 시대에 '그저 시간을 보내는' 대신 당신은 더 나은 삶에 대한 의지와 가능성을 보여줄 것이라 믿는다. 그동안 내 집 마련과 아이들 교육에 모든 것을 쏟아 부으며 열심히 살았던 세대들이 이 책을 통해 다시 한 번 일어설 용기와 희망을 얻을 것이라고 믿는다.

단, 모든 성취와 결과에는 시간이 필요하다. 꿈과 목표에 다가서는 과정은 계단을 오르거나 장거리 마라톤을 하는 것처럼 차근차근 진행되어야 한다. 평생부자의 꿈을 꾸는 당신에게 이 책이 새로운 문을 여는 열쇠가 되기를 바란다.

지금
무엇을 찾고
싶은가?

꿈이 있고 꿈을 향해 앞으로 나아가려는 사람은
변화에 대한 두려움 속에서도 방법을 찾고,
현재에 머무르거나 나아가기를 멈추려는 사람은 구실을 찾는다.
당신은 지금 무엇을 찾고 싶은가?

부자는
무엇이 다를까?

사람의 운명은 정해져 있을까?
부자로 살고 가난하게 사는 것도 태어날 때부터 이미 정해져 있는 것일까?
그게 아니라면 왜 누구는 부자로 살고 누구는 늘 가난하게 살까?

결심만 하는 개구리

더운 여름날 개구리 세 마리가 호수 한가운데의 큰 낙엽 위에 앉아
있다. 그중 한 마리가 말했다.

"아, 너무 더워. 나는 호수에 풍덩 뛰어들어 물속에서 놀 거야!"

자, 이제 낙엽 위에 몇 마리의 개구리가 남아 있을까?

답은 '세 마리'다. 왜냐하면 물에 뛰어들겠다던 개구리가 실제로는 뛰어들지 않았으니까.

어디선가 보았던 짧은 우화의 한 장면이다. 이 우화는 말이나 생각만으로는 아무 일도 일어나지 않으며, 변화는 행동으로 옮길 때만 일어난다는 메시지를 담고 있다.

맞는 말이다. 그러나 현실에서는 말만 앞세우고 실행은 하지 않는 사람들이 부지기수다. 꿈이 있다고 말하지만 움직이지 않는다. '하고 싶다'라고 말은 하지만 정작 기회가 오면 뒷걸음질을 치는 경우가 너무도 많다. '뭐 좋은 거 없어?'라고 묻고는 막상 도움이 되는 정보를 주어도 의심의 눈초리로 바라보고 귀를 기울이지도 않는다. '변해야 산다'고 외치고 무엇이든 시도해야 한다는 것을 잘 알고 있지만, 그저 현재에 머무르는 사람들이 대부분이다.

지금 열심히 살지 않는다거나 아무 일도 하지 않는다는 이야기가 아니다. 다만 '현실이 더 중요해!' 혹은 '나는 이미 모르는 게 없어'라는 자기합리화에 막혀 스스로 만족하지 못하는 현재에 붙들려 있다는 뜻이다. 많은 사람들이 여전히 가난에 머물러 있는 것도 같은 이유일 것이다.

물론 개구리 세 마리가 다 같다고 할 수는 없다. 비록 실행으로 옮기진 않았지만 호수에 뛰어들겠다는 '선언'은 생각과 결단의 표현이다. 두려움과 망설임이 가로막고 있지만 의지가 작동하고 있으니 언젠가는 실행에 옮길 가능성이 있다. 그래서 꿈을 꾸는 것이 시작이 될 수 있는 것이다.

오늘은 어제의 결과이다

'나이 마흔이면 자기 얼굴에 책임을 져야 한다'는 말이 있다. 지금의 내 얼굴은 지난날들의 결과물이라는 뜻이다. '지금의 나를 보면 나의 과거를 알 수 있다'는 옛말도 있는 걸 보면 지금 내가 보내는 시간들이 '미래의 나'에게 얼마나 중요한지를 알 수 있다.

지금 당신이 부자가 아니라면 그것은 이제까지의 생각과 선택의 결과이다. 한편으로, 지금부터 변화한다면 앞으로 부자가 될 수 있다는 뜻이기도 하다. 빈익빈 부익부(貧益貧 富益富)라고 했으니 변화하지 않으면 당신의 미래는 더 가난해질지도 모른다.

부자가 되고 싶어하는 사람들은 '부자는 어떤 사람일까?', '어떻게 하면 나도 부자가 될 수 있을까?' 하는 기본적인 질문에 대답을 하려 시도하고, 이미 부자가 되거나 성

-ϙ́- Rich's Keypoint

지금 당신이 부자가 아니라면 그것은 지난날들에 의한 결과이다. 그러나 지금부터 변화한다면 앞으로 부자가 될 수 있다.

공한 사람들의 생각과 과정에 관심을 갖고 배우려는 노력을 한다. 그렇게 해서 자신을 바꾸고, 시간을 보내는 방법을 달리하고, 어제와는 다른 선택을 해간다면 당신의 미래는 크게 달라질 것이다.

어떤 문제를 해결하거나, 현실과 바라는 것 사이의 차이를 메우려면 먼저 그 문제와 차이를 명확히 인지하고 인정해야 한다. 질병의 원인을 알고 진단이 내려지면 적절한 약 처방이 가능하듯, 현재 상황을 정확히 진단하고 구체적인 부자의 모습을 그려내면 그 갭(gap)이 명확해지고, 그 갭을 이제부터 하나씩 메워나간다면 부자의 꿈에 가까이 다가갈 수 있다.

부자와 가난한 사람은 이렇게 다르다

많은 사람들이 부자와 가난한 사람의 차이점을 궁금해한다. 그래서인지 부자와 가난한 사람들을 비교하는 내용이 책과 인터넷 글에 넘쳐난다. 그중에서 루비 페인(Ruby Payne)의 《계층이동의 사다리》, 로버트 기요사키(Robert Kiyosaki)의 《부자 아빠 가난한 아빠》, 테시마 유로(手島佑郎)의 《가난해도 부자의 줄에 서라》를 중심으로 나의 경험과 관점을 더해 그 차이를 정리해본다. '누구나 부자가 될 수 있지 않을까?' 하는 희망을 품고 말이다.

● 부에 대한 태도

"이만하면 됐지 뭐! 다들 그렇게 살잖아."

"돈이 많으면 고민도 많을 거야."

"돈이면 다 된다는 건 잘못된 생각이야!"

가난한 사람들이 흔히 하는 말이다. 틀렸다고 비난할 수만은 없지만, 부자에 대한 꿈이 없거나 자신을 속이는 말이라고 생각한다. 이런 사람들은 자기 분수에 맞춰 사는 것이 옳다고 자위하면서도 '유전무죄(有錢無罪) 무전유죄(無錢有罪)'류의 뉴스에 자조하며 때로는 분노한다. 스스로 자신의 처지를 합리화하고 자기보다 못한 사람들과 비교하며 스스로를 위로하고 때로 체념한다.

반면에 부자의 꿈을 가진 이들은 자신보다 앞선 사람들을 흠모하고 부러워하면서 더 나은 삶, 더 자유로운 삶, 더 흥분되는 삶을 향해 앞으로 나아가려 노력한다.

지금은 돌아가셨지만, 《우리가 오르지 못할 산은 없다》의 저자이며 나의 멘토 중의 한 분인 강영우 박사가 대표적인 분이시다. 강 박사는 중학교 시절에 사고로 실명을 했지만 굳건한 신앙 속에서 겸손하지만 강한 의지로 미 국무성 차관보에 오르는 등 보통 사람도 하기 힘든 일을 해냈다. 나는 그분의 책을 읽는 것은 물론 2시간이 넘는 강의를 듣고 직접 만나기도 했는데, 그분이 가졌던 꿈이 얼마나 크고 강렬한지를 느낄 수 있었다. 또 가깝게는 한때 회사 동료였지만 지금은 자신의 분야에서 세계적인 명성을 가진 분들과 평생 친구로 지내는 이가 있는데, 그가 누구보다 바쁜 직장생활 속에서도 퇴근 후와 주말의 자투리시간을 활용해 평생부자의 가치를 쌓아온 것을 알고 있다.

많은 사람들이 현실에 만족하며 사는 것이 긍정적인 태도이고 행복해지는 길이라고 말한다. 하지만 나는 그런 생각에 동의하지 않는다. 사람들이 발전할 수 있는 이유는 현재에 만족하지 않고 더 나은 삶을 살려고 노력한 결과라고 믿기 때문이다. 대나무의 마디가 키 큰 대나무를 만들어내듯 불만족과 결핍을 극복하려는 노력의 과정에서 얻어지는 크고 작은 성취들이 우리를 성장시키고 희망을 키운다. 경영의 신이라 불리우는 마쓰시타 고노스케(松下幸之助, 일본 파나소닉(주)의 창업자)도 젊은 날의 불만족과 결핍이 성공의 원동력이었음을 고백했다. 그렇다. 진정으로 행복한 삶은 그런 노력과 성취의 과정에서 오는 것이다. 마치 아이들이 성장통을 겪으며 성장하고 삶의 행복을 느끼게 되듯 말이다.

더 이상 성장이 없다면, 현재에 만족해 미래에 대한 아무런 꿈과 희망이 없다면, 어느 교수의 말처럼 영안실에 누워 있는 것과 무엇이 다르겠는가?

● 교육에 대한 생각

현대사회에서 돈의 흐름과 관련된 지식을 갖는 것은 금전으로 인한 고생에서 벗어나 경제적 자유를 누리기 위한 필수 과정이다. 그러나 학교에서는 이를 가르치지 않는다. 그 대신 '취업을 위한' 지식을 가르치고 직업교육을 한다.

그 결과는 참혹하다. 열심히 공부하는 이유가 '사회에 나갔을 때 돈을 벌어 부유하게 잘살기 위해서'라고 말은 하면서도 대부분의 사람들이, 심지어 대학 교육을 이수한 이들조차 돈의 흐름을 표현하는 간단한 재무제표상의 용어도 알지 못한다. 신문의 경제란을 이해할 수 있는 이 역시 많지 않다.

그러니 돈과 금융에 관해서는 부모가 가르치거나 스스로 공부와 경험을 통해 익히는 수밖에 없다. 그러나 불행하게도 대부분의 가난한 부모들은 돈과 금융에 관해 아는 것도 배운 것도 별로 없다. 당연히 자녀에게 어떻게 돈을 모으고 현명하게 쓰고 손해가 나지 않도록 투자하는 방법을 가르치지 못한다. 가난의 대물림이라는 무서운 현실 앞에서 불안해하는 것 말고는 할 수 있는 게 없다. 반면에 부자들은 경제지식과 금융지능으로 무장되어 있으며 자녀에게도 그것을 가르친다.

다행히도 부자의 삶을 살고 있는 성공자들 중에는 학교 교육을 충분히 받지 못했거나 높은 교육 과정을 밟지 않았음에도 부자가 된 이들이 많다. 내가 몸담았던 마이크로소프트(Microsoft)사의 빌 게이츠

(Bill Gates)를 비롯해 애플(Apple)사의 스티브 잡스(Steve Jobs), 현대그룹을 일으킨 정주영 회장, 자동차의 왕 헨리 포드(Henry Ford), 발명왕 토마스 에디슨(Thomas Edison) 등 다 헤아릴 수 없을 정도다. 이들은 스스로의 경험을 통해 경제지식과 금융지능을 쌓음으로써 성공과 부를 동시에 거머쥘 수 있었다.

현대사회에서 조금 더 나은 출발을 하고자 한다면 교육이 조금은 달라져야 한다고 생각한다. 반드시 건강한 부자가 되기 위한 지능과 스스로 해낼 수 있는 용기를 주는 교육이 있어야 한다. 비록 당신이 부모로부터 금융지능을 물려받지 않았더라도, 물려줄 재산이나 가진 게 없더라도 자녀들에게 경제지식과 금융지능을 물려주는 노력은 해야 하지 않을까?

● 경제적 목표와 수단

가난한 사람들은 대체로 '경제적 안정'에 초점을 둔다. 학교에서 좋은 성적을 얻어 안정된 직장에 들어가거나, 평생을 책임질 직업을 얻어 편안하게 살고 싶어 한다. 그래서 목표로 하는 것이 대기업 입사이고, '사(士)'자가 붙은 직업이다.

나 또한 봉급과 연봉에 초점을 두고 승진과 높은 보수를 찾아 움직였다. 그렇게 20여 년 간 가족의 생계를 꾸리며 살아왔다. 남과 봉급의 많고 적음을 비교하며 때로는 우월감을 때로는 패배감을 느꼈고,

가능한 오랫동안 일할 수 있기를 바랐다. 또 누군가에게 고용되어 시키는 일을 하는 것에 익숙해지니 직장에서 벗어나는 것이 무척 두렵고 위험하게 여겨졌다. 실제로 직장에서 벗어나는 순간부터 깊은 절망에 빠져 헤어나지 못하는 사람들도 여럿 봤다.

얼마 전에는 몇 가지 이유로 직장을 나와 잠시 쉬고 있는 후배를 만났는데, 처음에는 모처럼의 휴식과 환경 변화의 영향으로 표정이 밝더니 2개월을 넘어가자 얼굴에 어두운 그림자가 보였다.

"무슨 걱정이 있니?"

"여기저기 이력서를 내고 있는데 생각보다 새 직장이 안 구해지네요."

"실력이 있으니 곧 구해질 거야. 이참에 좀 더 쉬지 그래. 아니면 언젠가는 자신의 일을 해야 하니 사업 아이템을 두루 알아봐도 괜찮고. 지금은 시간 여유가 있으니 보다 넓은 시각으로 다양한 기회를 볼 수 있지 않을까?"

"글쎄요. 그렇기는 하지만, 빨리 새 직장을 구하는 게 더 중요해요. 지금은 다른 생각을 할 여유가 없어요."

"……."

인간의 평균수명이 100세 시대를 향해 가고 퇴직 후의 삶이 수십 년인 이때에 언제까지 다른 사람이 주는 일에만 의존해 살아갈 것인가? 지금처럼 살면 결국 정부나 자녀, 혹은 다른 누군가에게 기대어 살게 될 가능성이 크다. 먼 훗날의 일처럼 느껴지고 실감나지 않겠지만, 거의 모든 사람들에게 그것은 이미 사실이며 현실이다. '할 수 없이' 자영업에 매달리는 사람들도 많은데 하루 빨리 뭔가 해야 한다는 급한 마음에 경험해보지 않은 일을 상황에 떠밀려서 시작한다면 오히려 성공은 멀어진다.

반면에 부자들은 '경제적 자유'를 추구한다. 일자리가 아닌 사업과 투자에 관심을 갖고 도전한다. 작아도 자신이 주인이 되는 기회를 원하고, 일자리를 찾는 사람들을 고용해 더 큰 부와 성공을 향해 나아가려 한다. 그들은 봉급과 연봉이 얼마인지보다 자산과 그 자산으로부터 발생하는 '현금흐름'을 더 중요하게 여긴다.

어찌 보면 '경제적 안정'과 '경제적 자유'는 반대말이다. 로버트 기요사키는 안정을 추구하며 사는 사람들은 안정을 잃을까 늘 두려워하기 때문에 결국 안정적인 삶을 누리지 못하는 아이러니를 지적한다. 20여 년의 직장생활을 돌아보고, 함께 안정을 추구했던 많은 선배와 동료들을 보았을 때 기요사키의 말에 동의하지 않을 수 없다. 반면에 '자유'는 도전과 투쟁을 통해 얻어지는 경우가 많다. 안정을 추구하는 사람들보다 더 많은 어려움을 만나고 실패와 좌절을 감내해야 하지만, 그 과정을 통해 획득한 경제적 자유는 특별한 즐거움을 오랫동안 누리게 해주며 다른 가치들을 볼 수 있게 해준다. 삶의 과정이 불안정해 보일 수도 있지만 먹이를 찾아 하늘을 나는 독수리처럼 역동적이다.

많은 사람들이 직장에 매달리면서 부자가 되고 싶어 한다. 그러나 생각해보자. 어느 누가 더 이상 일을 안 해도 될 만큼 충분한 보수를 준단 말인가? 아무리 열심히 일해도 일한 시간과 돈의 교환은 그 기간과 크기에 한계가 있다.

나는 안정적인 대기업에서 일하는 것을 큰 다행으로 알고 살아왔지만 결코 만족하지 못했다. 그런 나에게 '경제적 자유'라는 단어는 마치 안개가 걷힌 시야처럼 내가 원하는 것이 무엇인지를 선명하게 보여주었다. 이것이 내가 부자의 꿈을 꾸는 당신에게 '자산'과 '현금 흐름', 자산을 만들고 키우는 '사업'과 '투자'를 이야기하고 나누는 이유이다.

● 실패와 위험에 대한 태도

'위험은 피해야 한다.' 우리는 학교에서도 가정에서도 그렇게 배워왔다. 실수로라도 뭔가를 깨뜨리면 야단을 맞았고, 성적이 나쁘면 안정된 일자리를 얻지 못한다는 이야기를 들어왔다. 직장에서도 실수와 실패는 좀처럼 용인되지 못한다. 지위가 높을수록 더 그렇다. 그 결과 거의 모든 사람들이 위험과 실패에 지극히 방어적인 태도를 갖게 되었다.

누가 가르치지 않아도 우리는 위험에 대해 두려움을 느낀다. 이는 인간의 본능 중 가장 큰 것으로 누구도 맞닥뜨리고 싶어 하지 않는다. 하지만 인생에서 어려움과 장애물 없는 나아감이 어디 있을까? 피할 수 없다면 걸려 넘어지더라도 다시 일어나 뛰어넘어야 한다. 몇 번 넘어지고 나면 어린아이도 자전거를 잘 탈 수 있는 법이다.

부자와 가난한 사람들의 주된 차이점 중의 하나가 바로 위험을 대하는 태도이다. 부자들은 실수와 실패의 경험을 배움의 기회로 만든다. 실패는 성공의 어머니라는 말도 있지 않은가? 부와 성공을 향해 나아가는데 장애물과 위험은 늘 존재하지만, 지식과 경험을 통해 그것을 충분히 터득하면 어떤 장애물이든 극복할 수 있거나 통제 가능해진다. 워렌 버핏은 '진정한 위험은 자신이 무엇을 하고 있는지 모를 때 다가온다'고 했다. 피할 수 없다면 주도적으로 맞서 경험하고 기회로 만들려고 노력해야 한다. 실수와 실패는 성공의 과정에서 위험을 극복하고 통제하는 법을 알려주는 가장 좋은 스승이다.

사실 실패라는 단어가 없다면 성공이라는 단어도 있을 수 없다. 실패를 피하려 한다면 성공도 피해 간다는 사실을 알아야 한다. 성공을 현미경으로 들여다보면 작은 성공과 실패의 경험들로 가득 차 있다. 사업이나 투자에서 사람들이 실패하는 가장 큰 이유는 그 사실을 모르고 실패하지 않으려 하기 때문이다.

● 시간에 대한 통제력

인생은 시간의 연속이다. 아니, 시간이 곧 삶이다. 그러니 시간을 대하는 생각과 태도, 시간을 쓰는 습관이 서로 다른 인생을 만들어가는 것이다.

가난한 사람들은 대체로 늘 바쁘다. 일일 노동자이든 직장인이든 전문직이든, 돈과 시간을 교환함으로써 얻는 수입에 삶을 의존하기 때문이다. 그렇기에 어떻게든 더 많은 시간을 돈과 바꾸려고 한다. 돈을 시간보다 더 소중하게 여긴다.

하지만 돈과 바꾸지 못하는 시간에 대해서는 종종 그 가치를 가벼이 여긴다. 그저 '바쁘다 바빠!'를 입에 달고, 자투리 시간에는 '무언가를 하기에는 충분하지 않아!'라는 핑계를 대며 중요하지도 시급하지도 않은 것들에 시간을 쓰거나, 예능과 오락, TV와 스마트폰에 매달려서 시간을 소비한다. 참 아이러니하다.

하지만 부자들은 돈보다 시간을 귀하게 여긴다. 때로 돈을 주고 다른 사람의 시간을 사기도 한다. 그 시간들을 모아 사업을 하고 투자를 한다. 그리고 자투리 시간이라도 소중히 여긴다. 작은 시간들이 모여 '무엇을 하기에 충분한' 시간이 만들어짐을 너무나 잘 알기 때문이다. 또 필요할 때는 시간을 '만들어 투자'한다. 필요한 지식과 정보에 귀를 기울이며, 책을 읽고 세미나에 참석하며, 사람들과의 좋은 관계를 위해 시간을 할애한다. 그러면서도 가족과 함께 여행을 하고 삶의 여유를 찾아 새로운 활력을 얻는다. 어떻게 그 많은 일들을 할 수 있을까?

누구에게나 하루에 24시간이라는 시간이 주어지는데 이렇듯 시간을 보는 관점과 시간을 대하는 다른 자세가 가난한 사람과 부유한 사람을 가르는 건 아닐까? 그러니 부자들의 시간에 대한 관점을 마음에 새기자.

'시간은 아껴 쓰는 소비의 대상이 아니라, 만들어 투자하는 자산이다!'

당신의 부자점수를 매겨보자

이제까지 살펴본 차이점들을 통해 스스로를 평가해보자. 나의 경우 과거에는 가난한 사람의 전형이었다. 당신은 어떠한가?

루비 페인의 지적대로 부자와 가난한 사람은 돈이 많고 적음의 문제를 넘어 생각과 태도에서 확연한 차이가 난다. 그렇다면 부자들의 그것들을 배우고 따라하면 내일은 오늘보다 더 부자가 되어 있지 않을까? 반대로 부자의 삶을 꿈꾼다 해도 오늘의 나를 바꾸지 않는다면 내일도 여전히 가난하게 살게 될 것이다.

내가 그랬듯 당신도 새로운 변화를 시도하면서, 결심만 하는 개구리에서 벗어나 용감히 물에 뛰어들어라. 지금이 바로 그때다!

:: 부자와 가난한 사람의 차이

	부자	가난한 사람
경제적 목표	● 경제적 자유를 추구한다. ● 역동적이며 주도적인 삶을 즐기고, 크고 작은 성취에 의미를 둔다.	● 안정에 초점을 맞춘다. ● 현재의 안정과 편안함에 안주하려고 하며, 변화를 두려워한다.
부에 대한 태도	● 늘 더 나은 삶, 더 자유로운 삶을 꿈꾸며 새로운 기회를 찾아 변화를 시도하고 앞으로 나아가려 한다.	● 주어진 분수 안에서 사는 것이 행복이라고 믿고, 현실에 만족하도록 스스로를 합리화하고 격려한다.
교육에 대한 생각	● 여유로운 삶을 위해 경제지식과 금융지식이 중요하다는 걸 안다. 자녀에게도 돈과 금융에 대해 가르친다.	● 좋은 학교와 좋은 성적, 스펙을 쌓고 안정적 직업을 얻는 것을 매우 중요하게 여긴다.
삶의 수단에 대한 관점	● 꾸준한 현금흐름을 발생시키는 자산 구축에 초점을 둔다. ● 자산에 대한 투자와 그 결과로 얻어지는 지속적 수입과 현금흐름에 관심을 둔다.	● 봉급과 연봉에 초점을 두고 일자리와 높은 보수를 찾아 움직인다. ● '할 수 없이' 뛰어드는 자영업의 경우도 당장의 매출과 수입이 초점이고 판단의 기준이다.
위험과 실패에 대한 태도	● 위험은 극복할 수 있거나 통제 가능하다. ● 실수와 실패는 성공의 일부이며, 또 위험은 기회의 또 다른 이름이므로 위기일 때 더 큰 열정을 보인다.	● 위험과 실수, 실패는 가급적 피해야 한다고 생각한다. ● 변화와 새로운 기회에 두려움을 느끼고, 마주치지 않기 위해 여러 가지 핑계가 앞선다.
시간에 대한 태도와 통제력	● 시간은 가장 귀한 자산이므로 자신이 소중해하는 가치에 투자한다. 필요하다면 시간을 사기도 한다. ● 우선순위를 정해 시간을 통제한다.	● 시간과 돈을 교환하느라 여유가 없고 늘 바쁘다. 하지만 돈과 바꾸지 못하는 시간은 소비의 대상이다. ● 돈이 시간보다 소중하다.
사람을 만나고 시간을 보내는 방법	● 책과 경제 뉴스를 많이 보고, 배움의 자리를 찾아다닌다. ● 아이디어와 정보를 교환하고 사업과 투자 등의 이야기를 나누는 사람들과 교제한다.	● 많은 시간을 TV와 스마트폰과 오락에, 또한 연예나 스포츠 등의 시중 가십거리로 시간을 보낸다. ● 쉬운 사람들, 부담 없는 사람들과 보내는 시간이 많다.

나도 부자가
될 수 있을까?

부자의 꿈에 도달하는 사람들이 적은 이유는 많은 사람들이 그 꿈을 일찍
포기하기 때문이다. 금세 실망하고, 잃을 것을 겁내며, 이성보다는 감정에 휘둘린다.
그러나 자기 삶의 주인공으로 살려면 생각의 수준을 높이고 목표에서
눈을 떼지 말아야 한다. 무엇이든 할 수 있다고 믿으면 당신은 할 수 있다.

인간은 모방의 동물이다

사람은 누구나 자유로운 영혼을 가지고 태어나 자신이 주인공으로
사는 인생을 꿈꾸며 스스로의 가치를 찾고 삶의 의미를 만들어간다.
그렇지만 인생은 '모방'에서 시작된다. 걸음마를 시작하고 말을 하고
글을 쓰는 것도, 재능을 키우거나 일을 배우는 것도 누군가를 따라하

고 누군가로부터 가르침을 받음으로써 이루어진다.

무협소설이나 영화에서 재주나 능력이 뛰어난 주인공들은 예외 없이 뛰어난 스승을 만난다. 배우고 따라할 수 있는 스승을 만나지 못하면 고수가 될 수 없는 법이다. 마찬가지로 부자가 되고 싶다면 부자로부터 배우는 것이 가장 좋다. 부와 성공에 관한 책을 읽고 경제적으로 성공한 사람들의 이야기에 감탄과 부러움으로 귀를 기울이는 것이다. '부자에게 점심을 사라', '부자의 줄에 서라'와 같은 책들이 많은 것도 부자들의 생각과 습관을 배우고 그들이 쓰는 단어를 익힘으로써 부자의 꿈을 이루는 발판을 다질 수 있기 때문이다.

모방은 누구라도 할 수 있다. 부자가 되고 싶은 당신도 그러기를 바란다. 워렌 버핏과의 점심식사에 수백만 달러를 지불하는 이도 있지 않은가?

성공의 제1법칙

'성공은 성공한 사람에게서 배운다.'

성공의 제1법칙이다. 부자가 되려면 부자에게서 배워야 한다. 배울 곳이 있고 기회가 있는데 혼자 깨우치겠다고 고집하는 것은 어리석은 일이다. 혼자서 자수성가해 부자가 된 경우도 있지만, 자세히 들여다보면 그들에게도 스승이 있었다.

꿈을 이루는 데 큰 가르침을 주었다면 무엇이든 스승이 될 수 있다. 좋은 책 한 권이 스승이 될 수도 있다. 《부자 아빠 가난한 아빠》는 내가 부자의 꿈에 한발 다가서게 해준 뛰어난 스승 중 하나이다. 어려운 상황에 부딪혔을 때 존경하는 스승을 떠올리면서 '스승님이라면 이런 상황에서 어떻게 하셨을까?'라고 묻다 보면 해결책을 얻기도 한다.

그러면 무엇을 배우고 무엇을 모방할 것인가?

앞장에서 살펴본 부자들의 생각, 태도, 선택 기준과 습관을 모방해야 한다. 부유하다는 것은 단순히 돈이 많다는 것만 의미하지 않는다. 사물과 현상을 바라보는 관점과 태도의 집합이며 특정한 삶의 방식의 결과다. 당장 돈이 없어도 부자라고 할 수 있는가 하면, 돈이 많아도 곧 가난해질 사람이 있다. 복권에 당첨된 사람들이 얼마 못 가서 다시 가난해지는 것은 부자들의 사고와 삶의 방식을 배우지 못했기 때문이다.

얼마 전에 《왓칭(Watching)》(김상운 저)이라는 책을 만났다. 양자물리학의 '관찰자 효과(Observer Effect)'로부터 삶의 지혜를 끌어내는 내용으로, 누군가가 바라보면 사물의 움직임이 달라진다는 바라봄(Watching)의 효과에 관한 이야기다.

나는 이 책에서 아주 재미있는 모방의 비밀을 배웠다. 나를 남이라 생각하고 스스로를 바라보면 다른 사람이 나를 바라볼 때보다 100배의 효과가 있다고 한다. 이 원리를 적용해 '부자인 나'를 상상하면서 주의 깊게 나를 관찰하면 '아직 부자가 아닌' 내가 지금 무엇을 변화시키고 무엇을 따를지를 보다 쉽게 깨달을 수 있다. 부자의 꿈이 간절하다면 '미래의 부자'인 당신 자신에게서 답을 찾을 수 있다는 말이다.

모방의 시작

아직 부자가 아닌 어떤 사람들은 '가난한 사람들의 관점과 태도는 금전적으로 여유롭지 않은 환경 때문에 생긴 결과'라고 스스로를 위로할지도 모른다. '여유로워지면 나도 부자들이 갖는 생각과 태도를 갖게 될 것'이라고 말이다. 정말 그럴까?

어느 세미나에 참석했는데 강사가 물었다.

"웃으면 복이 오는 걸까요? 아니면 복이 와야 웃게 될까요?"

놀랍게도 참석자 대부분이 '웃으면 복이 온다'는 데 손을 들었다. 그런데 그들이 정말 그렇게 믿고 있을까? 그래서 실제로 늘 먼저 웃는 삶을 살고 있는 걸까?

또 다른 예로, 글솜씨가 좋아야 글을 쓸 수 있는가? 글을 쓰다 보니 좋은 글솜씨를 갖게 되는 걸까? 금전적으로 여유로운 부자가 되는 것이 먼저인가? 부자의 관점과 습관을 갖는 것이 먼저인가?

이는 잘 알려진 Be-Do-Have 성공모델에서 모범답안을 찾을 수 있다. 이미 되었다고[Be] 상상하고 그에 따른 생각과 태도를 갖고 그에 걸맞은 노력과 행동을 하면[Do] 실제 그렇게 이루어진다[Have]는 것이다.

부연설명을 하지 않아도 쉽게 이해하고 공감하겠지만, 구체적인 예를 들어보자.

- '복을 많이 받으면[Have], 늘 웃을 일이 많고 즐거울 테니[Do] 행복해지지 않을까[Be]'는 Have-Do-Be의 순서다. 그런데 어떻게 하면 복을 많이 받을 수 있는지는 알려진 바가 없다. 그 대신 즐겁고 행복하다고[Be] 스스로 믿고 늘 웃으며 밝게 산다면 [Do] 복이 굴러 들어오지[Have] 않을까?

- '돈이 많으면[Have] 사업도 하고 투자도 해[Do] 모든 면에서 여유로운 부자[Be]가 될 텐데' 하면서 큰돈이 생기기만을 기다린다고 부자가 되지 않는다. 반면에 스스로 부자가 된 모습을 상상하고[Be] 부자들의 관점과 생각을 배워 자산을 쌓아가는 올바른 투자를 꾸준히 하면[Do] 금전적으로 시간적으로 자유로운 부자[Have]가 되어 있지 않을까? 행복한 부자 말이다.

그렇다. 모방의 첫걸음은 내가 되고 싶은 모습을 스스로 형상화하는 것이다. 자기 자신을 바라보는 왓칭의 효과와 같은 맥락이다.

당신도 눈을 감고 원하는 부자의 모습을 그려보라. 아내와 쇼핑할 때 가격표나 꼬리표에 눈길을 보내는 대신 너그러운 미소를 날리고, 멋진 여행지에서 가족 또는 친구들과 함께 즐기는 모습을. 그리고 되뇌이자.

"그래, 나는 부자다. 나는 경제적으로도 시간적으로도 자유롭고, 좋은 친구들로 둘러싸인 행복한 부자가 될 것이다!"

어떤 부자가 되고 싶은가?

당신은 어떤 부자가 되고 싶은가? 구체적으로 상상하고 그려보자. 진정으로 당신이 원하는 것은 무엇인가?

혹자는 자기 분수를 알고 현실에 만족하면서 가난하지만 욕심 없이 사는 것, 즉 '마음만 부자라면 부자'라고 말한다. 정말 그럴까?

살아오면서 집안 형편과 투자 실패 등으로 몇 차례 경제적 어려움과 고통을 겪어본 나는 이 질문에 명확히 답할 수 있다. '금전적으로 가난한 삶은 행복해질 수 없다'고 말이다. 고립되어 혼자 산다면 모르겠지만 함께 어울려 도시에 살면서 마음만 부자여서는 온전히 잘

살아갈 수 없다. 적어도 나는 그런 삶은 자
신이 없다.

'어떤 부자가 되고 싶은가?' 하는 질문에
답하는 게 그리 쉬운 일은 아니다. '당신의
꿈은 무엇입니까?'와 같이 구체적인 미래
[To Be]를 묻는 것이기 때문이다. 하지만 앞

으로 나아가기 위해서는 그 대답을 반드시 해야 한다. 건물을 지으려
면 세세한 설계도가 나오기 전에 전체적인 조감도가 필요한 것처럼
말이다.

어떤 부자가 되고 싶으냐는 질문에 많은 사람들이 '돈 많은' 부자
가 되고 싶다고 대답한다. 돈이 많으면 금전적인 고생에서 벗어나 편
안하고 여유로운 삶을 가질 수 있다고 믿기 때문이다. 그런데 얼마나
있어야 돈이 '많다'고 할 수 있을까?

어느 일간지에서 금융자산 10억 원 이상을 갖고 있는 사람들을 조
사해 이들에게 '슈퍼(Super)부자'라는 이름을 붙였다. 우리나라 국민
중 경제력 상위 약 1%에 해당하는 사람들이다. 금융자산이란 현금
또는 즉시 현금으로 인출 가능한 예금이나 유가증권 등 소위 유동성
이 있는 종이자산을 일컫는다. 그런데 10억 원을 가진 그들은 정말
돈 걱정 없이 여유롭고 행복한 삶을 살고 있을까? 큰 부자라고 알려
진 사람들이 비난받을 만한 일을 하고 감옥에 가는 일도 많은데, 결

코 행복한 모습은 아니다. 그 이유가 뭘까?

사실 누구든 크고 작은 돈 문제로부터 벗어나기는 쉽지 않다. 돈이 아무리 많아도 스스로 만족하지 않으면 걱정과 고민에서 벗어날 길은 없다. 물론 돈이 없어 금전적으로 고생하는 것보다 낫겠지만, 돈이 많아서 오히려 걱정이 생긴다면 이 또한 진정한 부자의 모습은 아니다.

진정한 부자의 모습

예전에 나 스스로에게 '내가 원하는 부자의 모습은 무엇일까?'라고 진지하게 물어본 적이 있다. 제대로 된 대답을 찾지 못하고 있는데 로버트 기요사키에게서 아주 새롭고 특별한 부자의 정의를 발견하게 되었다. 단순하지만 공감을 일으키는 명쾌하고 놀라운 정의다.

'부유함이란 우리가 물리적으로 일하지 않으면서도 삶의 질을 유지하면서 생활할 수 있는 날들(days)의 수(number)이다.'

얼마나 많은 돈을 가지고 있는지 보다 얼마나 오랫동안 여유로운 삶을 유지할 수 있는지가 부의 핵심이라는 뜻이다. 부유함, 즉 부의 크기가 돈의 많고 적음이 아닌 시간의 크기로 정의된다는 사실에 놀

랐다. 내가 부를 돈의 많고 적음으로 저울질
하고, 돈이 많아도 걱정이 없을 수 없는 삶의
무게를 핑계로 대고 있을 때 기요사키는 '여
유로움이 지속되는 시간의 크기'로 부를 정
의 내린 것이다. 일시적이 아닌 지속적인 경

Rich's Keypoint

오늘 당장 일을
그만둔다면 당신은 얼마나
버틸 수 있는가?

제적 부유함과 행복한 삶을 추구하는 인간의 욕망으로 보았을 때 참
으로 타당한 정의가 아닌가! 부자가 된다는 것은 '평생 돈 걱정 없이'
살고 싶은 것이었음을 새삼 공감했다. 여기서 '평생' 역시 시간의 단
위이다.

　이 새로운 부자의 정의를 마음속에 새기고 있을 때 20세기의 레오
나르도 다빈치로 추앙 받는 버크민스터 풀러(Buckminster Fuller, 미국
의 건축가이자 작가 · 디자이너 · 발명가 · 시인)도 같은 정의를 내리고 있음
에 다시 한 번 놀랐다.

　'내가 만약 오늘 당장 일을 그만둔다면 나는 며칠을 더 살 수
있는지가 부의 척도이다.'

　두 사람 모두 시간(days)을 부의 단위로 정의하고 있다. 돈의 크기
를 이야기하지는 않지만 어느 정도 되는 삶의 질을 전제로 하는 것은
물론이다.

'돈 걱정 없는 평생부자의 삶'[To Be]에 당신도 동의한다면 이제부터는 그 꿈을 향해 수단과 방법[To Do]을 찾아 나아가야 한다.

오나시스 이야기

그리스의 선박왕 아리스토틀 오나시스(Aristotle Socrates Onassis)는 대부호로도 유명하지만, 암살당한 미국의 케네디 대통령의 미망인이며 아름다운 미모의 재클린 케네디(Jacqueline Kennedy)와의 결혼으로 세상에 더욱 알려진 인물이다. 그의 이야기를 '부자가 되고 싶으면 부자를 상상하고 부자에게서 배워라'는 지침의 대표적 사례로 여기에 소개한다.

오나시스는 그리스에서 태어나 한때 부유한 집안에서 자랐지만 투르크(Türk)와의 전쟁으로 모든 것을 잃고 아르헨티나로 이주했다. 그는 낯선 땅에서 가진 것도 없이 하루 벌어 하루를 살았지만, 어렸을 적의 부유했던 삶을 그리워하며 절망하기보다는 다시 부자가 되어 멋진 삶을 사는 것을 꿈꿨다.

어느 날 오나시스는 끼니를 거르며 모은 돈으로 도시에서 제일 멋지고 화려한 식당에 식사를 하러 갔다. 남루한 행색 때문에 처음에는 출입을 거부당했지만 부자들의 숨 쉬는 모습이라도 배우겠다는 강한 열망으로 결국 그 식당에서 식사를 할 수 있었다.

그는 그 후로도 한 달에 한 번씩, 일주일치 주급을 털어 고급 식당에 갔다. 고된 노동일이 끝난 후 선술집에서 동료들과 한잔 하는 대신 돈을 아껴 자신의 미래에 투자를 한 것이다. 아마 식당에 갈 때마다 그럴듯한 양복을 전당포에서라도 빌려 입고 갔을 거라는 상상을 해본다.

그러던 중에 고급 레스토랑에 어울리지 않는 오나시스에게 호기심을 보인 사람이 있었는데, 그리스의 선박 재벌 코스타 그레초였다. 코스타 그레초를 만난 오나시스는 선박 사업을 배우게 되었고 이때부터 오나시스의 인생역전이 시작되었다. 부자가 되고 싶어 했던 청년이 부자에게서 배울 기회를 잡은 것이다.

오나시스가 부자들의 콧김이라도 쐬려고 할 때 동료들이 비난하고 비웃었을 거라는 상상은 어렵지 않게 할 수 있다. 틀림없이 뱁새가 황새 따라가려 한다고 손가락질했을 것이다. 그러나 오나시스는 부자의 꿈을 꾸고[To Be] 부자들을 가까이 함으로써 그들로부터 무엇이든 배우기를 원했고[To Do], 그의 강렬한 꿈은 결국 그를 부자의 줄에 서게[To Have] 만들었다. 부자가 되고픈 간절한 열망과 '성공은 성공한 사람에게서 배운다'는 원리의 실행이 오나시스를 부자로 만든 것이다.

워렌 버핏과 점심은 못할지 언정 주위에 자신이 부러워할 만한 부자가 있다면 가서 점심을 사는 것은 어떨까?

나도 지금 당장 '그 분'에게 전화를 해야겠다.

지혜를 더해야 한다

돈만 많으면 부자가 될 거라는 막연한 생각을 확장시켜서 어떻게 살고 싶은가 하는 삶의 모습이 조금 더 분명해졌다. '나와 내 가족이 생계를 위해 물리적으로 일하지 않으면서도 평생 기본적인 삶의 수준을 유지하며 지낼 수 있는 자유로움'이 그것이다. 더 간단히 표현하면 '생계를 걱정하지 않는 자유로운 삶'이다. 물론 호사스러운 소비도 때때로 할 수 있다면 더욱 좋겠지만.

호랑이를 잡으려면 호랑이 굴에 들어가야 한다는 말이 있다. 무슨 일이든 시도하고 맞닥뜨려야 한다는 의미도 되지만, 호랑이를 잘 알아야 한다는 뜻으로도 이해할 수 있다. 돈을 벌고 싶다면 움직이는 돈의 성격과 흐름을 잘 알아야 한다. 그렇다고 이해하기 쉽지 않은 경제지식과 금융지능을 완벽하게 갖출 필요는 없다. 금융지식이 있다고 다 돈 많은 부자가 되는 것도 아니고, 돈이 많다고 꼭 가치 있고 행복한 삶을 사는 것도 아니지 않은가?

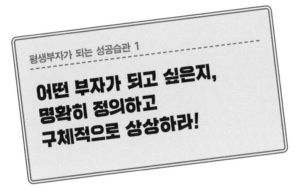

평생부자가 되는 성공습관 1

**어떤 부자가 되고 싶은지,
명확히 정의하고
구체적으로 상상하라!**

돈에 대한 지식보다는 '지혜'가 더 필요하다. 돈이 들고 나는 흐름에 더해 우리가 살면서 추구하는 가치, 삶의 방향에 관한 깊은 이해와 믿음이 있어야 한다. 결국 돈과 행복은 지혜가 부족하고 가난한 사람들에게서 빠져나와 지혜로운 사람들에게로 흘러들어갈 것이기 때문이다.

나는 '생계를 걱정하지 않는 자유로운 삶'이라는 부자의 정의를 삶의 경제적 목표로 삼아 배우고 노력해 지금에 이르렀다. 비록 완벽히 도달할 수 없는 목표라 해도 하나의 이정표로서 충분히 가치 있음을 경험하고 있다. 희망을 갖고 도전하는 과정 또한 큰 즐거움이다. 이 책을 읽는 당신이 생각하고 원하는 부자의 모습도 같은 것이기를 바란다.

평생부자가
되기 위해
해야 할 것들

'이해할 수 없다면 소유할 수 없다.' 문호 괴테의 말이다.
세계적인 부호이면서 투자의 귀재로 알려진 워렌 버핏은
'위험은 자신이 무엇을 하고 있는지 모를 때 다가온다'고 했다.
이들의 말이 나에게는 같은 의미로 해석된다.
그리고 무엇인가를 그저 열심히만 한다고 해서 부자가 되지 못하는 이유로도 이해된다.

소비냐
투자냐

> 나는 여행 중에도 틈나는 대로 책을 보고 바쁠 때에도 시간을 내
> 관심 분야의 세미나에 간다. 그런데 내 친구 중 하나는 세미나에 가자고 하면
> 늘 시간 내기 어렵고 몸이 피곤하다고 한다. 그러면서 TV와
> 보고 싶은 영화는 다 보고 지인과의 술자리와 여가활동에 많은 시간을 쓴다.
> 시간을 보내는 게 이렇게 다른데 어찌 훗날의 삶이 같을 수 있겠는가!

작은 돈과 큰돈

어느 날 주머니에 마음대로 쓸 수 있는 100만 원이 생겼다고 치자.
누가 그냥 줄 리 없으니, 로또 3등에 당첨되었다고 가정하자. 당신이
라면 이 돈을 어떻게 할 것인가?

나는 한 달에 한 번씩 부와 성공에 관한 소규모 세미나를 열고 있다. 부자의 꿈을 가진 사람들을 초대해 내가 공부하고 배운 것을 나누고자 시작한 것이 벌써 수년째다. 한번은 세미나에 참석한 사람들에게 위의 질문을 했더니 다음과 같은 대답들이 주로 나왔다.

"오랜만에 근사한 곳에서 가족들과 외식해야죠."
"옷이나 구두, 그동안 눈독 들였던 명품 가방을 살 거예요."
"외국 여행을 해야죠."
"부모님께 용돈으로 드리겠습니다."
"아이 과외를 하나 더 늘릴 수 있겠네요."
"마침 세탁기를 바꿀 때가 되었는데 잘됐네요."

간혹 '저금을 한다'든가 '주식에 투자한다'는 조금은 특별한 대답을 한 사람도 있었다. 그러나 대부분은 '그 돈을 어떻게 쓸까?'를 얘기했다.

이번엔 꿈에서나 나올 법한 일을 가정하여 질문을 던졌다. 로또 1등에 당첨되어 10억 원이 생긴 것이다. 상상만 해도 기분이 좋아진다. 자, 당신은 이 돈으로 무엇을 하게 될까?

세미나 참석자들로부터 들은 답변은 100만 원이 생겼다고 가정했을 때와는 사뭇 달랐다. 급한 빚이 있는 사람은 변제를 가장 먼저 하겠다고 얘기했지만, 집이나 땅, 건물을 구입한다든지 아파트 평수를 늘리고 싶다는 대답이 대다수였다. 왜냐고 물으니 "큰돈이 생겼으니 불려야 하지 않겠느냐"고 반문했다. 즉 '투자'를 이야기한다.

그렇다. 여유가 많지 않은 사람들은 비교적 작은 돈이 생기면 쓸 곳을 먼저 생각하고, 큰돈이 생겨야 비로소 투자할 곳을 생각한다.

소비를 위한 돈, 투자를 위한 돈

넉넉하지 않은 형편에 적은 돈이라도 생기면 쓸 곳, 즉 소비를 먼저 생각하는 것은 어쩌면 당연한 일이다. 우리는 큰돈이 생겨야 비로소 투자할 곳을 찾아 더 크게 불리고 싶어 한다. 그런데 살면서 예기치 않은 큰돈이 생길 가능성은 얼마나 될까? 거의 없다고 해도 무방할 것이다. 상황이 이러한데 적은 돈이 생길 때마다 써버린다면 언제 투자를 하고 돈을 불려 금전적인 여유를 찾을 수 있겠는가.

우리는 큰돈을 가진 사람을 '부자'라고 부른다. 사람들은 큰돈이 생겨야 비로서 투자를 생각한다 했으니, 큰돈을 가진 부자들은 늘 투자를 생각한다고 해도 맞는 말이 아닐까?《계층이동의 사다리》의 저자인 미국의 교육학자 루비 페인도 '빈곤층에게 돈이란 소비하는 것이고 부유층에겐 보존하고 투자하는 것'이라고 지적한다. 즉 가난한 사람은 소비를 생각하고, 부자는 투자를 생각한다는 것이다.

이렇듯 부자와 가난한 사람들을 가르는 가장 큰 차이는 '지금 가지고 있는 것을 투자할 것인가? 소비할 것인가?' 하는 선택과 태도에 있다. 부자에게 돈은 지금의 만족을 위해 써버리는 것이 아니라 더 나은 미래를 위해 투자하고 키우는 대상이다. 즉 돈을 버는 이유가 투자하기 위한 것이다.

결국 당신이 부자가 될 것인지는 지금 소비를 위해 돈을 벌고 있는지, 투자를 위해 돈을 벌고 있는지를 보면 알 수 있다. 당신은 지금 무엇을 위해 돈을 벌고 있는가?

소비와 투자의 가계경제 사이클

소비는 우리 삶에서 매 순간 이루어진다. 그래서 사람들은 수입과 지출의 현금흐름 속에서 소비의 질을 높이려 애쓴다. 소비의 질이 곧 삶의 질이기 때문이다.

그런데 소비의 질을 지금보다 더 높이려면 의미 있을 정도의 훨씬 더 많은 수입이 필요할 것이고, 그러려면 어떤 형태든 투자가 선행되

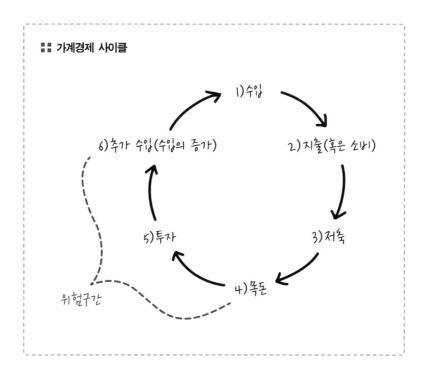

■■ 가계경제 사이클

1)수입

2)지출(혹은 소비)

3)저축

4)목돈

5)투자

6)추가 수입(수입의 증가)

위험구간

지 않고는 쉽지 않을 것이다. 이를 '가계경제 사이클'이라고 한다. 사이클의 각 단계를 살펴보면 '무엇을 위해서 돈을 버는가?' 하는 질문이 얼마나 타당한지를 알 수 있다.

1) 수입

수입의 형태는 아주 다양하다. 직장에서 받는 봉급, 사업에서 벌어들이는 수입, 투자수익 혹은 이자수익, 연금 등이 있다. 중요한 점은 수입은 지출을 전제로 하기 때문에 무엇보다 정기적이고 예측이 가능해야 한다는 것이다. 그래서 사람들은 월 단위의 경제 사이클을 생활의 기준으로, 매월 수입이 있는 직장을 선호하고 연금이나 월세 혹은 정기적인 이자수입을 부러워한다.

2) 지출

돈이 주머니에 들어오면 여러 형태의 지출이 기다리고 있다. 세금과 원천징수, 대출이자·카드대금 등을 우선 납부하고 남은 돈으로 생존을 위한 소비를 한다. 사치를 하지 않아도 생활필수품은 소비할 수밖에 없는데, 수입 내에서 지출을 할 수 있다면 다행이다. 빚을 얻지 않아도 되니까.

3) 저축

필요한 지출을 하고 남는 돈이 있다면 저축을 할 수 있다. 그러니 당신이 남는 돈으로 저축을 하고 있다면, 평균 우리나라 국민 1인당 가계빚이 수천만 원에 이르는 현실에서 행복한 사람이다. 아니, 어떤 면에서는 부자라고 할 수 있다. 금리가 낮아 그리 매력적이지 못하더라도, 빚이 있어 다달이 이자를 내는 상황에서도 저축은 미래를 위해 꼭 필요하다.

4) 목돈

저축의 주요 목적은 목돈을 만드는 것이다. 비상시를 대비하거나 덩치 큰 소비를 하거나 빚을 갚기 위한 것이기도 하지만, 저축을 통해 목돈을 만들어 투자를 해야만 추가 수입이 발생해 지출을 늘릴 수 있기 때문이다. 만일 저축을 하지 않고 수입과 지출의 순환만 일어난다면 더 나은 삶을 기대할 수 없다.

5) 투자

여윳돈으로 투자를 할 정도가 되면 삶의 수준을 높일 수 있는 희망이 생긴다. 금융상품이나 부동산에 투자할 수 있고, 규모에 맞는 사업을 시작할 수도 있다.

6) 추가 수입

추가 수입이 생기면 지출의 여력을 키워 삶의 질을 높일 수 있고, 저축을 늘려 또 다른 투자를 할 수도 있다.

7) 위험구간

'목돈→투자→추가 수입' 부분을 위험구간이라 부른다. 그 이유는 목돈이 소비나 잘못된 투자로 이어지는 경우가 많고, 올바른 투자라 하더라도 경험 부족과 불확실성으로 인해 추가 수입이 항상 보장되지 않기 때문이다. 많은 경우 투자 손실로 이어질 가능성이 상존한다. 이런 이유로 많은 사람들이 투자에 두려움을 갖고 있으며, 실제로 어려움을 겪는다.

이것이 우리 가계경제의 모습이다. 물론 기업경제나 국가경제도 사용하는 용어가 다를 뿐 크게 다르지 않다.

'소비를 위해' 돈을 번다는 것은 일을 해서 수입을 얻는 목적이 소비에 있다는 뜻이다. 경제 사이클 상에서 '수입→소비→수입→소비'의 반복이다. 저축을 통해 목돈을 마련하는 것도 승용차를 구입하는 등의 소비가 목적이다. 문제는 목돈으로 덩치 큰 소비를 한다면 일시적인 만족감을 느낄 수는 있으나 오히려 비용지출이 늘어나 결국에는 현금흐름을 위협하게 된다는 것이다.

반면에 '투자를 위해' 돈을 버는 사람은 '수입→저축→투자→추가수입' 사이클에 목표를 둔다. 성장하는 기업이나 부자들의 경우가 대표적인 예다.

부자들의 경제 사이클

그런데 왜 많은 사람들이 삶의 질을 높이고 부자가 되고 싶어 하면서도 '소비를 위해 돈을 버는' 사이클에서 벗어나지 못할까? 왜 투자보다는 소비를 선택하게 될까?

가장 큰 이유는 소비와 투자의 속성이 근본적으로 다르기 때문이다. 소비, 즉 돈을 쓰는 것은 즉각적인 만족과 즐거움을 주고 당장의 고통을 경감시키거나 면하게 해준다. 우리를 둘러싼 소비는 형태가 다양하고 유혹이 강해 뿌리치기도 어렵다. 저축을 장려하던 국가가 나서서 소비를 장려하는 경우도 있다.

반면에 투자는 미래의 더 큰 부를 위한 선택이요 결정이다. 만족과 즐거움이 즉각적이지 않다. 차후에 만족과 기쁨을 누리려고 참고 기다린다. 그러면서도 미래의 성과가 불확실하고 어렵게 모은 돈을 잃을 수도 있다. 주변의 여러 경험과 통계로 보면 사실 잃을 가능성이 더 크다. 당장의 즐거움을 포기한 대가치고 결과는 가혹할 수도 있다는 말이다.

그럼에도 우리는 소비 대신 투자를 선택해야 한다. '수입 → 소비'의 사이클에서 벗어나 '저축 → 투자 → 추가 수입'의 사이클을 실천해야 한다. 그래야 근본적으로 삶의 질을 높일 수 있다. 그 사이클이 위험구간에 속하더라도 말이다.

다시 말지만 소비를 선택한 사람은 더 나아가지 못하고, 투자를 선택한 사람만이 부자가 될 기회를 잡을 수 있다. 그렇기에 현실에서 부익부 빈익빈이 나타나며, 부자와 가난한 사람의 격차가 시간이 갈

수록 더 벌어질 수밖에 없는 것이다. 물론 어려운 환경에서도 자수성 가해 부유한 삶을 사는 사람들도 많다. 그들의 사연이 간혹 미디어에 소개되는데, 공통점을 살펴보니 돈이 없을 때도 적은 돈밖에 없을 때도 투자를 생각하고 선택했다.

투자는 부자들의 단어다. 만약 필요한 투자를 하기에 충분치 않다면 그들은 투자할 수 있는 수준까지 돈을 '모으는' 선택을 한다. 돈을 모으는 목적이 소비가 아니고 투자이기 때문이다.

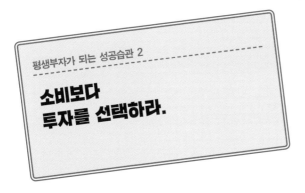

평생부자가 되는 성공습관 2

소비보다 투자를 선택하라.

만족 지연의 비밀

소비는 그 즐거움과 만족이 즉각적이고 감정적이다. 그러나 투자는 그 즐거움과 만족을 나중으로 미루는 선택이다. 부자는 이러한 '만족 지연 능력'을 가진 사람들이다.

대부분의 사람들은 감정에 지배당한다. 소비로 인한 즐거움과 만족도 감정의 일부이다. 근사한 논리는 이미 드러난 감정과 행동을 설명하는 데 쓰일 뿐이다. 그리고 당장의 감정이 현재를 지배한다.

결국 많은 사람들이 '만족 지연을 외면하고, 투자를 위한 저축을 하지 않으며, 즐거움을 즉시 누리고자 하는 욕구' 때문에 여전히 생계에 쫓기는 삶을 살고 있다. 그래서 한 달 일하고 봉급을 기다리는 직장인이나, 하나를 팔아서 당장 이익을 보려는 세일즈맨이나, 조급함에 투자의 결과를 기다릴 줄 모르는 사업가·투자자가 부자가 되기 어려운 것이다.

기다리는 것을 참지 못하는 사람들의 성향은 투기와 여러 형태의 도박에서도 나타난다. 어느 나라에서든 로또가 흥행하는 이유는 일주일 안에 결판이 나기 때문이다. 확률이 극히 낮음에도 아주 짧은 시간에 승패가 결정되는 경마나 도박에 빠져드는 것도 같은 이치다.

《마시멜로 이야기》(호아킴 데 포사다·엘런 싱어)도 같은 메시지를 전하고 있다. 《마시멜로 이야기》에는 유명한 실험이 등장한다. 네 살배기 아이들을 한 명씩 작은 방에 있게 하고 접시 위에 마시멜로 1개를 올려놓았다. 그리고 지침을 주었다. 언제든지 마시멜로를 먹고 나가 놀아도 좋지만 만약 방 안에서 마시멜로를 먹지 않고 15분을 참을 수 있다면 마시멜로 1개를 더 주겠다고 말이다. 결과는 대부분의 아이들이 즉시 마시멜로를 먹고 나가 놀았지만 한 아이는 15분을 기다렸

다가 마시멜로 1개를 더 얻었다. 더 큰 만족을 위해 당장의 욕구를 참은 그 아이는 자라서 큰 기업의 주인이 되었다. 이 실험은 '성공의 가장 큰 비결은 현재의 쾌락에 빠지지 않고 만족을 미래로 지연시킬 수 있는 능력이다'라는 중요한 메시지를 담고 있다.

강조하건대, 가난한 사람들은 돈이 생기면 소비를 생각하고 부자들은 추가 수입을 벌어다줄 기회와 투자에 집중한다. 그리고 진정한 의미의 '투자'는 만족 지연이라는 감정적 능력을 요구한다. 결국 성공과 부자는 투자의 결과이며, 이것은 돈의 문제를 넘어서는 생각과 태도의 차이이다. 이것을 꼭 기억하자.

소비욕에 대한 소고(小考)

소비 대신 투자에 초점을 맞추려면 소비에 대해 조금 더 깊이 이해할 필요가 있다.

우리의 삶은 소비의 연속이다. 소비는 인간이 태어나서 최초로 하는 젖을 먹는 행위에서 시작된다. 기독교의 창조설을 잠시 빌리면, 태초에 아담과 이브는 동산의 과일을 '따서 먹는', 즉 소비하는 일 외에 하는 일이 없었을 것이다.

쇼핑백을 두 손 가득 든 여성을 그려놓고 '소비를 위해 태어나다

(Born to Shop)'라고 문구를 붙인 재미있는 삽화를 본 기억이 있다. 이 문구처럼 소비는 원초적인 행위이고, 다른 모든 것은 소비에서 파생된 상품이 아닌가 싶다. 소비가 있기에 생산이 필요해지고 유통이 발달했으며, 소비를 하기 위해 일을 하고, 다른 사람의 소비로부터 돈을 번다. 또 소비의 질이 삶의 질이 되고, 그에 따라 자본주의 사회에서도 계급이 생겨난 것이다. 생존을 위한 소비가 경제의 시작점이된다.

또한 소비의 욕망은 그 색채가 아름답고 맛은 감미로워 우리를 즐겁게 한다. 이것이 소비가 투자보다 유혹적인 이유다. 그러나 소비는 감정의 행위이기에 여러 양상으로 우리 마음을 흩뜨린다. 즐거워지려고 돈을 썼는데 심각하게 후회한 경험이 있을 것이다. 신용카드로 미래의 소비를 당겨쓸 때는 마음이 한껏 들뜨지만, 훗날 그로 인해 고통을 당하기도 한다. 소비의 욕망에 지배당한 결과다.

따라서 소비를 통제하려면 욕망, 즉 감정을 통제할 수 있어야 한다. 부자들이 갖는 공통점 중의 하나가 돈을 쓰고 싶은 감정을 능숙하게 통제한다는 것이다. 만족 지연 능력은 바로 감정의 통제력에서 나온다.

🔆 **Rich's Keypoint**

소비는 감정이다.
부자가 되고 싶다면
먼저 돈을 쓰고 싶은 감정을
통제할 수 있어야 한다.
만족 지연 능력은 바로
감정의 통제력에서 나온다.

시간을 통제하면 소비가 통제된다

소비는 돈에 국한돼 적용되지 않는다. 어쩌면 돈보다 더 쉽게 소비의 유혹을 받는 것이 있으니, 바로 시간이다. 돈은 사람에 따라 가진 양이 다르겠지만 시간은 모두 동일하게 주어지기에 가난한 사람이든 부자든 누구나 시간을 갖게 되고 그에 따라 소비의 유혹에 빠져들기 쉽다.

시간을 소비하게 만드는 가장 큰 주범은 게으름이다. 나 역시 하루 중에 소중하지도 시급하지도 않은 일에 어영부영 낭비하는 시간이 얼마나 많은지 아이들에게 부끄러울 정도다. 진정한 게으름은 할 일이나 결정을 자꾸 뒤로 미루는 것이라고 하지만, 미루어 얻어낸 시간마저 낭비해버리니 망설임과 게으름은 시간 도둑이라 할 만하다.

더 큰 문제는 돈과 시간의 소비가 동시에 일어난다는 사실이다. '쇼핑을 위해(돈을 쓰기 위해)' 쓴 시간을 생각해보면 이해가 될 것이다. 투자도 마찬가지다. 투자는 만족을 지연하는 것이라고 했는데 좋은 결과가 나올 때까지 기다려야 하니 돈을 투자한다는 것은 시간을 투자하는 것과 다르지 않다.

미래를 바꾸고 싶다면, 더 부유한 삶을 살고 싶다면 지금 소비하는 대신 투자를 선택해야 하는 것은 변하지 않는 사실이다. 그런데 돈을 쓰고 싶은 소비의 유혹이 너무 강해 소비의 감정을 통제하기 어렵다면 돈과 함께 소비되는 시간을 통제하는 것이 현명한 해결책일 수 있다. 즉 시간이 의미 없이 소비되지 않도록 하면 돈의 소비도 통제할 수 있다. 바쁠수록 소비의 기회가 적은 것을 보면 '시간의 통제'가 소비를 통제하는 데 얼마나 효과가 좋은지를 알 수 있다.

우리에게 주어진 시간을 지혜롭게 통제하는 것이 우리의 삶을 부유하게 만드는 가장 중요한 해법인지도 모른다.

반짝인다고 다 금(金)이 아니다

모든 성취의 과정에는 반드시 장애물이 있다. 우리가 꿈을 갖고 목표를 세우면 그 크기에 걸맞은 어려움이 반드시 나타나 꿈을 향한 진정성과 간절함을 테스트한다. 자전거를 꼭 배우고 싶은 어린아이는 몇 번이고 넘어지더라도 일어나 다시 시도한다. 그러면서 자전거를 배울 수 있는 것과 같은 이치다.

소비 대신 투자를 하려고 할 때도 어김없이 여러 장애물이 나타나는데, 그중 꼭 이겨내야 할 것 중 하나가 '투자로 위장한 소비의 유혹'이다.

혹 소비와 투자 사이에서 혼란을 겪은 적이 있는가? 확실히 소비와 투자에 대한 인식의 경계가 모호해 당신은 투자라고 생각하지만 실제로는 소비를 하는 경우가 적지 않다. 이를 가리켜 로버트 기요사키는 '반짝인다고 다 금이 아니다'라며 경계할 것을 경고한다.

어느 날 동창회 모임을 나갔는데 한 친구가 신형 모델의 번쩍이는 멋진 차를 타고 나타났다고 치자. "요즘 잘 나가나 보네. 외제차 뽑았잖아!" 그 차를 보며 다들 한 마디씩 하고, 새 차를 뽑은 친구는 자랑 섞인 대꾸를 한다. "응, 모처럼 투자 좀 했지! 하하하!"

그저 일반적이고 흔한 대화라고 할 수도 있다. 하지만 소비와 투자의 관점에서 보면 애써 저축해 모은 목돈을 의식 없이 덩치 큰 소비로 써버렸는데 투자라고 착각한 모양새다. 차는 반짝이지만 추가 수입은커녕 앞으로 더 큰 지출(소비)을 요구하게 될 테니 말이다. 물론 감당할 만한 소비일 수도 있다. 하지만 실제로 많은 사람들이 소비와 투자를 구별하지 못하는 것은 사실이다.

지인들과 몽골 고비 사막을 여행한 적이 있다. 여행 도중에 큰 호수를 발견하고 다가갔더니 황량한 광야였던 기억이 떠오른다. 사람들을 유혹하는 신기루였던 것이다. 소설에서 묘사되는 '숲이 우거지고 옹달샘이 있는' 신기루는 아니었지만 오랜 여행에 지친 사람들을 유혹하기에는 충분했다. 광고와 미디어, 오락 등 주위의 자극이 돈과 시간의 소비를 부추기고 유혹하는 것처럼.

당신이 돈과 시간을 소비하는 동안 누군가는 돈을 벌고 있다. 당신의 눈과 귀를 빼앗는 TV와 인터넷, 스마트폰, 화려한 쇼윈도가 소비를 부추긴다. 정보로 위장한 각종 오락이 당신을 구속하고 오감을 자극함으로써 호주머니에서 돈을 꺼내고 시간을 쓰도록 유혹한다. 때로는 '즐거움, 행복, 감성, 힐링' 등의 단어로 위장하고 '혜택, 할인'으로 포장되기도 한다.

부자가 되려면 적어도 이런 유혹들을 이겨내야 한다. '지금'을 투자하는 대신 쉽고 편안하고 달콤해 보이는 소비의 즐거움에 유혹당하면 훗날 더 이상 일할 수 없을 때도 일을 해야 한다고 삶이 채찍질을 해댈지 모른다.

소비냐 투자냐가 부자와 빈자를 가르는 중요한 선택이라면, 우리는 무엇이 소비이고 투자인지를 변별하는 능력부터 길러야 한다. '현재(Present)'를 '선물(The Present)'이라고 제멋대로 해석해서 오늘을 소비해버린다면 기대되는 내일은 오지 않을 것이다.

현재가 선물(Present)이 되는 것은 자신이 가치 있게 여기는 것들을 향해 나아가기 위해 오늘(Present)을 투자할 때만 가능하다. 그러니 미래보다는 현재를 즐기라는 매혹적인 말이 귓가에 들린다면 가진 것이 자꾸 줄어드는 소비의 재미 못지않게 '키워가는 투자'의 재미와 즐거움도 매우 크다고 대답해주자.

키워가는
투자

> 구체적이고 간절하고 선명한 꿈을 가진 사람의 삶은 방향성이 있다.
> 한 방향으로 한 번 더 생각하고 한 번 더 움직이는 사람이 성공한다.
> 우리는 인생에서 핑계 아니면 결과 둘 중의 하나만 가질 수 있으니까.

무엇에 투자할 것인가?

부자는 돈을 써야 할 때, 또는 돈을 쓰고 싶을 때 언제든지 호주머
니에서 돈을 꺼낼 수 있는 사람이다. 그렇지 않은가? 우리가 '저 사
람 부자인가 봐'라고 말할 때 그 기준은 돈의 씀씀이다. 비싼 차를 몰
거나 큰 집에 사는 사람을 보고 부자일 거라고 짐작하는 것도 '그 유

지비용을 감당할 수 있을 정도라면 돈에 구애받지 않고 사는 사람일 것'이라고 예상하기 때문이다.

그렇다면 투자의 대상은 항상 호주머니가 두둑하도록 돈을 넣어주는 것을 찾으면 된다. 이 때 호주머니에 지속적으로 돈을 넣어주는 것을 '자산'이라고 정의한다. 여기서 자산은 재산과 유사한 의미로 '가진 것'을 뜻하는 일반적 정의와는 달리 '수입원'을 의미하는 금융지능적 정의이며, 이는 로버트 기요사키로부터 배운 개념이다. 내 호주머니에 돈을 넣어주는 것이 있다면 돈을 빼 가는 것도 있을 것이다. 바로 부채다. 결국 호주머니가 두둑하려면 부채가 아닌 '자산에 투자해야 한다'는 결론이 나온다. 이는 지속적으로 수입을 발생시키는 '수입원'에 투자를 하라는 뜻이고, 뒤에 소개하는 '매일 황금알을 낳는 거위'를 키우라는 이야기이다.

'부자가 되기 위한 투자의 대상은 자산이다.'

너무나 심플하고 명쾌하지 않은가? 내가 처음 이 정의를 이해했을 때, 부자의 꿈을 향해 달려나갈 자동차의 키를 손에 쥔 느낌이었다.

주목할 것은 '지속적'이라는 표현이다. 이는 아주 특별한 의미로,

자산의 크기가 부의 척도라면 일시적이냐 지속적이냐 하는 시간의 개념은 진정한 자산이냐 아니냐를 결정짓는 기준이 된다. 이러한 정의는 '부유함이란 우리가 물리적으로 일하지 않으면서도 삶의 질을 유지하면서 생활할 수 있는 날들(days)의 수(number)'라고 정의한 것과 그 맥을 같이한다.

부자가 될 수 있는 열쇠, 즉 투자 대상을 명확히 이해한 뒤로 나는 삶에 이를 적용하려고 노력했다. 자산과 부채를 구분하고, 자산을 쌓아갈 수 있는 것들을 찾아 움직이고, 작은 것이라도 소비하는 대신 자산에 투자하려고 노력했다.

자산과 재산은 어떻게 다른가

그런데 사실 자산(資産)이란 용어가 생소하다. '그 사람은 재산이 많다'처럼 재산(財産)이란 단어는 익숙한데 말이다. 도대체 자산과 재산은 어떻게 다를까?

이를 아주 명확하게 알려주는 이솝우화가 있다.

옛날, 아주 먼 옛날, 거위를 기르는 영감이 있었습니다.

그런데 영감이 기르는 거위 중에는 날마다 황금알을 하나씩 낳는 거위가 있었습니다.

　마음이 급한 영감은 매일 한 개씩 낳는 황금알로는 만족할 수가 없었습니다.

　"저 거위의 뱃속에는 황금알이 가득 차 있을 테니 한꺼번에 몽땅 꺼내 벼락부자가 되어야지."

　이렇게 생각한 영감은 거위의 배를 갈랐습니다.

　그러나 그 거위의 뱃속은 다른 거위의 뱃속과 하나도 다를 것이 없었습니다. 배를 가른 거위는 죽었고 영감은 하루에 하나씩 얻던 황금알도 갖지 못하게 되었습니다.

　"급히 먹는 밥이 체한다더니, 아이구 망했구나."

　영감은 크게 뉘우쳤지만 죽은 거위를 되살려 놓을 수는 없었습니다.

(출처 : 고전속의 지혜, 송명호, 기획출판 남광)

　수천년 전 그리스에서 전설 같이 전해져 오는 이 우화는 자산과 재산의 차이점을 알려주고 있다. 즉 거위는 자산이고, 이미 낳아 가지고 있는 황금알은 재산이다. 자산은 지속적으로 가치(황금알)를 만들어내는 그 무엇, 즉 수입원을 지칭하는 반면, 재산은 어떤 일정한 시점에 내가 소유하고 있는 것이다. 그래서 보통 개인이 가지고 있는 것을 재산이라고 지칭하고 가치를 만들어 이익을 추구하는 기업이 가지고 있는 것을 자산이라고 부르는 것이다.

자산과 부채에 대한 새로운 정의

앞에서 '자산은 무엇일까?'라는 질문에 '호주머니에 지속적으로 돈을 넣어주는 것'이라고 정의한 맥락과 동일하다. 매일 황금알을 낳는 거위 말이다. 그런데 무엇이 그렇게 해줄 수 있을까?

우선 '현금'을 생각해보자. 현금은 당연히 자산이라고 생각되지만 실제로는 호주머니에 아무것도 추가로 넣어주지 못할뿐더러 지속적이지도 않다.

그 외에도 자산으로 봐야 할지 모호한 것들이 많다. 내가 많은 시간과 돈을 투자해 어렵게 취득한 각종 자격증은 과연 자산일까? 교육에 많은 돈이 들어가는 우리 아이들도 자산 혹은 부채로 구분할 수 있는 걸까? 내가 산 주식은 아직 이익이 실현되지 않았는데 자산이라고 볼 수 있는 걸까?

올바른 투자를 위해서는 무엇보다도 자산과 부채를 구분해야 한다. 그래서 나는 자산의 정의에 '지속성'과 '미래'라는 시간의 개념을 추가했다.

돈의 흐름은 미래의 시간을 포함할 때 보다 이해가 쉽다. 실제로 어떤 자산은 호주머니에

Rich's Keypoint

자산은 호주머니에 지속적으로 돈을 넣어주는 것, 혹은 그럴 것으로 예상되거나 기대되는 것이다. 부채는 호주머니에서 지속적으로 돈을 빼내가는 것, 혹은 그럴 것으로 예상되거나 기대되는 것이다.

돈을 넣어줄 때까지 시간을 필요로 한다. 투자 과정에서 지금 당장 자산이냐 부채냐를 구분하기 어려운 경우도 많지만 시간을 연장해 미래의 시점에서 판단한다면 구분이 용이해진다.

이 확장된 자산의 개념은 현금흐름을 이해하고 통제하는 데 매우 유용하다. 나와 당신이 부자가 되는 데 꼭 필요한, 확장된 금융지능적 자산의 정의는 다음과 같다.

● **자산** : 호주머니에 지속적으로 돈을 넣어주는 것, 혹은 그럴 것으로 예상되거나 기대되는 것

동일한 맥락에서 부채에도 시간의 개념이 포함된다.

● **부채** : 호주머니에서 지속적으로 돈을 빼내가는 것, 혹은 그럴 것으로 예정되거나 예상되는 것

이해가 되는가?

자산과 부채를 표현하는 대차대조표(재무상태표라고도 한다)와 기요사키가 자주 인용한 현금흐름도를 빌어 표현한 도표(81쪽)를 보자. 그러면 이해가 더욱 쉬울 것이다.

자산	부채
내 호주머니에 지속적으로 돈을 넣어주거나 앞으로 넣어줄 것으로 예상되거나 기대되는 것	내 호주머니에서 지속적으로 돈을 빼가고 있거나 빼갈 것으로 예정되거나 예상되는 것

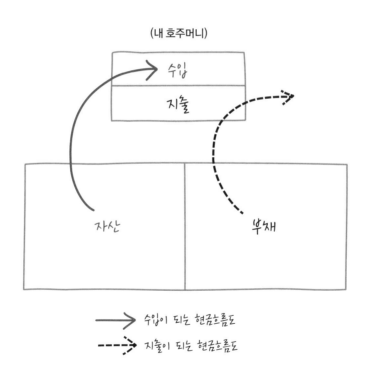

(내 호주머니)

수입

지출

자산

부채

→ 수입이 되는 현금흐름도

┈┈➤ 지출이 되는 현금흐름도

물지게와 파이프라인

자산과 부채의 새로운 정의는 아주 특별하거나 새로운 것이 아닐 수도 있다. 하지만 단순히 일반적인 의미의 '가진 것(재산)'과 '가치를 만들어내는 것(자산)'의 차이는 분명히 구별해야 한다. 일시적인 수입을 모아 일구는 재산과 지속적인 수입을 만들어내는 자산의 구분이 가능해지면 비로소 진정한 부자의 길로 들어설 수 있다. 버크 헤지스(Burk Hedges)의 《파이프라인 우화(The Parable of the Pipeline)》 또한 이를 이야기로 풀어내고 있다.

옛날 이탈리아의 한 작은 마을에 성공을 꿈꾸는 두 청년이 살고 있었다. 그들의 이름은 브루노와 파블로이다.

돈을 벌어 부유하게 살고 싶은 두 청년에게 어느 날 기회가 왔다. 마을에서 멀리 떨어진 산꼭대기 호수에서 물을 길어 마을에 있는 물탱크를 채우는 일을 하게 된 것이다. 물은 누구에게나 필요하며 늘 부족했기 때문에 길어오기만 하면 얼마든지 돈을 벌 수 있었다.

두 청년은 매일 열심히 양동이 물지게로 물을 길어 날랐다. 시간이 흐를수록 두 사람은 요령이 생겨 더 큰 양동이로 물을 날라 돈을 더 빨리 모을 수 있었다.

브루노는 현재의 생활에 만족했다. 결혼도 하고 아이들도 키우며

그럭저럭 괜찮은 삶을 살고, 열심히 일한 돈을 모아 집도 장만하고 주변 사람들에게 인심도 쓰는, 남 부러울 것이 없었다. 꿈이 하나씩 이루어지는 것 같은 느낌이었다. 그리고 많은 사람들이 그렇듯, 브루노 역시 지금처럼 열심히 일한다면 현재의 수입과 차곡차곡 모으는 재산으로 아주 오랫동안 잘살 수 있을 거라고 믿었다.

그러나 파블로는 브루노와 생각이 달랐다. 현재의 생활과 수입에 만족하지만 양동이로 물을 나르는 일은 한계가 있다고 생각했다. 언제까지 힘든 물지게를 질 수 있을지, 지금의 수입을 계속 유지할 수 있을지 알 수가 없었다. 세월이 흐르고 체력이 떨어지면 일은 점점 힘들어질 것이고, 그러면 힘 좋은 다른 사람이 이 일을 가져갈지도 모른다는 불안감도 있었다. 또 더 이상 일을 할 수 없을 때 모아논 돈을 쓰며 사는 데는 분명히 한계가 있을 것이다.

고민하던 파블로는 호수에서 마을까지 파이프라인을 놓으면 매일 양동이를 지고 다니지 않아도 물을 공급할 수 있을 것이라고 결론지었다. 물론 파이프라인을 건설하는 것은 쉬운 일이 아니다. 많은 시간과 노력과 비용이 들 것이며, 무엇보다도 파이프라인을 건설하는 동안에는 지금처럼 많은 물을 길어 나를 수 없어 수입이 줄어들 게 뻔했다. 그것이 정말 가능할까 하는 의심이 들기도 하고 두려움도 일었다.

그러나 지금의 방식이 한계가 있음을 깨달은 이상 현실에 안주하면서 지낼 수는 없었다. 일을 더 이상 못하게 될 때를 대비해야 한다는 생각이 더 강했다. 그저 '잘 되겠지'라든가 '나중에 어떻게든 방법이 있을 거야', '누군가가 돌봐주겠지' 하면서 요행만 바랄 수는 없었다.

파블로는 친구이자 동업자인 브루노에게 생각을 털어놓고 함께 파이프라인을 건설하자고 제안했다. 힘을 합친다면 파이프라인을 건설하는 시간을 훨씬 단축할 수 있고, 좋은 생각과 기회를 친구와 함께한다는 가치도 있다. 그러나 이런 대화만 오갔을 뿐이다.

"브루노, 함께 파이프라인을 건설하자. 지금은 힘이 들겠지만 나중에 아주 편해질 거야. 우리는 더 큰 부자가 되어 여유롭게 살 수 있고, 너는 원하던 여행도 마음껏 할 수 있을 거야! 물지게를 지지 않아도 평생 돈을 벌 수도 있어!"

"내가 왜 그래야 해? 나는 지금이 좋아. 아이들이 커가니 당장 돈을 더 벌어야 해. 내 꿈이 멋진 여행을 하는 것이지만, 지금도 가끔은 여행을 하며 살잖아. 나는 미래를 위해서라도 현재에 더 충실해야 한다고 생각해."

"그렇지만 우리가 언제까지 양동이를 나를 수는 없잖나? 요즘은 가끔 여기저기 아픈 곳도 있고… 시간이 갈수록 체력이 점점 약해질 거야. 어쩌면 힘이 더 좋은 젊은 사람들에게 일거리를 빼앗길지도 모르지. 그러니 지금 시간을 쪼개 파이프라인을 만드는 게 좋지 않을까? 당장의 수입은 줄겠지만 말이야."

"글쎄, 그렇기도 하지만 나중에 무슨 수가 생기겠지. 난 지금의 안락한 생활을 포기할 수 없어. 수입이 줄면 당장 생활비와 아이들 교육비도 막막해져. 파이프라인 사업이 정말 잘될지 알 수 없는 노릇이고 말야. 미래는 불확실하지만 열심히 돈을 벌어 모아놓으면 별 문제가 없을 거야. 아직 힘도 있고 건강하니 더 부지런히 벌어야 해."

결국 파블로는 혼자서 파이프라인을 건설하기 시작했다. 그동안 모은 돈을 투자하고, 잠자는 시간과 물지게 지는 시간을 줄여가며 파이프라인 건설에 힘을 쏟았다. 힘은 들었지만, 조금씩 길어지는 파이프라인과 함께 미래에 대한 희망도 커져 파블로는 행복했다.

마침내 파이프라인이 완성되었다. 이전보다 훨씬 더 깨끗하고 충분한 양의 물이 파이프라인에서 쉼 없이 나왔다. 파블로는 마을에서 가장 환영받고 존경받는 부자가 되었다.

[이야기 중의 대화는 《파이프라인 우화》 저자의 의도를 훼손하지 않는 범위에서 각색을 한 것이다. 안정을 해칠까 하는 두려움에 '직장에만 충실하고 다른 기회들을 외면하는 친구와 대화를 했다면…' 하는 가정하에 말이다.]

두 사람은 어떻게 되었을까? 언뜻 상상해보면 현실에 안주하는 삶을 살다가 일자리를 잃어버린 브루노의 고생담이 이어져야겠지만 저

Rich's Keypoint

자산 = 파이프라인 =
지속적으로 호주머니에
돈을 넣어준다.
부자가 되려면 =
자산은 Up↑,
부채는 Down↓

자는 독자들을 위해 해피엔딩으로 끝을 맺는다. 즉 파이프라인 건설 노하우를 다른 마을 사람들에게 알려주는 프랜차이즈 사업으로 두 친구가 함께 성공한다는 것이 이 이야기의 결말이다.

파블로와 브루노의 이야기는 물지게와 파이프라인의 차이, 즉 부지런한 노동으로 재산을 만들고 그에 의지하려는 이들과 지속적인 수입원을 만들려는 이들의 차이를 분명하게 보여준다. 한계가 있는 노동수입과 모아놓은 재산에 의존하는 대신 호주머니에 지속적으로 돈을 넣어주는 파이프라인 시스템과 자산을 만들어야 함을 일깨우고 있다. 평생부자의 개념이다.

'자산 = 파이프라인 = 지속적으로 호주머니에 돈을 넣어준다.'

그렇다. 진정한 부자는 그런 파이프라인을 갖고 있는 사람이다. 돈과 시간은 마땅히 자산을 구축하는 데 투자해야 한다.

물론 호주머니에 돈을 넣어주는 것이 자산만은 아니다. 브루노처럼 매일 노동을 해도 호주머니에 돈이 들어온다. 노동은 일회성 자산이다. 따라서 일을 할 때만 생기는 임시 수입일 뿐이다. 일을 하지 않아도 지속적으로 호주머니에 돈을 넣어주는 자산수입과 구분된다.

지출 역시 부채 외의 수단을 통해서도 생긴다. 삶 자체가 멈추지 않는 한 돈의 지출을 발생시킨다. 이는 소비지출의 형태로, 부채로 인한 지출과는 구별된다. 소비지출에 대해서는 뒤에서 자세히 설명한다.

자산과 부채를
명확히 구분하라

> 머리(생각)에서 가슴(마음, 결단)까지, 또 가슴에서 다리(행동)까지의 거리가
> 가장 멀다고 한다. 망설임과 게으름을 경계하는 말인 듯하다.
> 그러나 어떤 일이든 머리에서 시작됨을 기억하자. 올바른 이해와 생각이
> 상황을 바꾸고 나를 바꾸는 변화의 시작이다.

부자보다 가난한 사람이 많은 이유

호주머니가 마르지 않도록 현금을 넣어주는 자산을 키우면서 부채를 줄여가는 것이 부자가 되는 공식임을 확실히 이해했을 것이다.

그런데 이렇듯 이해하기 쉬운 공식이 있음에도 왜 부자보다 가난한 사람들이 훨씬 많을까? 이를 지속적으로 실천한다면 누구나 부자

가 될 수 있을 텐데 말이다.

이제까지 살펴본 내용으로 그 이유를 세 가지로 요약할 수 있다.

첫째, 투자보다는 당장의 만족을 주는 소비에 붙들려 있기 때문이다. 그리고 종종 투자와 소비를 혼돈한다. 반짝인다고 다 금이 아니라는 것을 기억하자.

둘째, 자산과 부채를 구분하지 못하기 때문이다. 많은 경우 자산에 투자한다고 하면서 부채를 구입하기도 한다.

셋째, 변화를 두려워하고 여러 가지 핑계를 대며 현재에 안주하려 하기 때문이다. 또 '지금'과 '빨리빨리'에 익숙해 '기다림'과 '꾸준함'을 힘들어 하는 성향은 부자의 꿈을 이루는 데 큰 장애물이다.

특히 사람들이 자산과 부채를 명확히 구분하지 못하는 이유는 일반적으로 사용하는 재산 또는 재무회계학적 자산의 의미와 금융지능적 정의가 다름을 알지 못하기 때문이다.

20년 전 나의 자산 – 부채 대차대조표

'재산(property)'은 황금알처럼 '가진 것' 혹은 '팔았을 때 돈이 될 수 있는 것'을 지칭하는 일반적 의미이며, '자산(Asset)'은 주로 기업조직에서 사용하는 재무회계학적 용어로 경제적 가치가 있거나 경영활동에 이용할 수 있는 재화를 총칭하는데, 자기자본과 부채의 합으로 표시된다.

'재산 또는 재무회계학적 자산(총 재화) = 자본(내 것) + 부채(빌린 것)'

이때 부채는 더 큰돈을 벌기 위한 레버리지(타인의 자본을 이용해 투자에 대한 자기자본의 이익률을 높이는 것)로 정의되면서 자산의 일부로 간주된다. 이것은 기업들이 잘못 관리하고 운용하면 더 큰 위험을 가져올 수 있는 걸 알면서도 자기자본보다 훨씬 더 큰 부채를 수용하는 이유이기도 하다. 그러나 이러한 개념은 금융지식이 부족한 개인에게는 오히려 혼란을 준다. 개인이 부채를 활용하는 레버리지를 일으켜 이익을 만들어내는 것이 어렵기 때문이다.

반면 금융지능적 자산의 정의는 '내 호주머니에 돈을 넣어주는 것'만을 의미한다. 예를 들어 재산 또는 재무회계학적 관점에서 20년 전 나의 재무 상태는 다음과 같다.

∷ 재산 또는 재무회계학적 자산의 관점으로 본 나의 20년 전 재무 상태

재산(가진 것)	부채
- 아파트 - 승용차 - 피아노 - 약간의 저축과 적금	- 아파트 구입 담보대출금 - 승용차 할부금 - 다음 달 갚아야 할 카드 대금

나는 비록 대출금을 끼고 있었지만 언젠가 가격 상승이 기대되는 제법 큰 평수의 아파트와 처분하면 어느 정도의 값을 받을 수 있는 승용차와 피아노도 갖고 있었다. 비록 채권자들이 재산권 행사에 우선권을 가질지언정 빚이 많은 아파트도 재산으로 인식한다. 이는 부채를 자산의 일부라고 인식한다는 점에서 재무회계상의 자산과 같다.

그러나 금융지능적 관점으로 보면 나의 재무 상태는 완전히 달라진다. 감정적으로 동의할 수 없다고 해도 말이다.

:: 금융지능적 관점으로 본 나의 20년 전 재무 상태

자산	부채
- 약간의 저축과 적금	- 아파트 구입 담보대출금 - 승용차 할부금 - 다음 달 갚아야 할 카드 대금 - 아파트 - 승용차/피아노/골프채 등

덧붙이면, 아파트(주택)는 재산세 등을 포함하는 각종 세금과 관리비, 전기료와 상하수도료, 비정기적인 수리비 등으로 내 호주머니에서 돈을 빼간다. 따라서 부채다. 승용차나 피아노도 마찬가지다. 자동차세, 유류비, 수리비, 조율비 등 수시로 호주머니에서 돈을 빼간

-ͼ- **Rich's Keypoint**

아파트(주택)는 재산세 등을
포함하는 각종 세금과
관리비, 전기료와
상하수도료, 비정기적인
수리비 등으로 내
호주머니에서 돈을 빼간다.
따라서 부채다.

다. 거기에 감가상각비(시간이 가면서 잔존 가치가 떨어지므로 비용이 지불되는 것과 같은 효과)도 있다. 더 깊이 들어가면 주차장과 방 한켠의 공간을 필요로 하니 이 또한 겉으로 드러나지 않는 비용이다.

20년쯤 전의 나는 매달 봉급을 주는 직장이 있었고 승용차와 피아노도 있었으며, 가끔은 가족과 함께 외식도 하고 영화 구경도 했다. 휴가철에 여행을 하고 매월 약간의 적금도 붓고 있었으니 비록 부자는 아니지만 결코 나를 가난하다고 보는 사람은 없었다. 그렇지만 호주머니는 빠듯했고, 마음 한켠에는 미래에 대한 불안감이 늘 있었다. 왜 그런지를 몰랐는데, 금융지능적 관점으로 재무 상태를 분석하고 난 뒤에야 비로소 그 이유를 알게 된 것이다.

부채를 이렇게 많이 안고 있으면서 수입은 자산 항목에 적지도 못하는 직장에서 받는 봉급이 전부였으니 아무 걱정이 없었다면 오히려 이상한 일이었다. 매달의 봉급으로 그 많은 부채들(호주머니에서 돈을 빼가는 것들)을 감당하고 있었다니! 그런데 만약 직장의 수입이 갑자기 끊긴다면? 생각만 해도 끔찍했었다.

당신도 자신만의 대차대조표(재무상태표)를 작성해보라.

내가 가진 것은 자산일까, 부채일까?

자산과 부채를 구분하는 것은 부자가 되는 첫걸음이다. 우리의 삶에서 경제적으로 큰 비중을 차지하는 몇 가지 경우에 대해 자산인지 부채인지 구분해보자.

● 내가 소유한 집

많은 사람들이 '내 집'을 장만하려고 애쓴다. 이는 주택 가격이 하락할 때도 그렇고, 요즘 같은 저금리에 통화량 팽창으로 인한 화폐가치의 하락으로 주택 가격이 오르는 시기에는 더욱 그렇다. 알게 모르게 집 없는 설움을 받고 자주 이사를 하는 것이 싫어서이기도 하겠지만, 봉급을 모아서는 따라잡지 못할 만큼 주택 가격이 상승하고 있다는 불안감 때문일 것이다. 실제로 경제성장기에는 주택 가격이 지속적으로 상승한 탓에 오늘 사서 내일 팔아도 차익이 남는 일이 비일비재했고, 그 결과 집이 투자의 대상으로 인식되었다.

그렇다면 당신이 살고 있는 아파트는 어떨까? 자산일까? 아파트가 당신의 호주머니에 돈을 넣어주고 있을까?

진실을 말하면, 당신의 아파트는 안타깝지만 자산이 아닌 부채다. 하룻밤 자고 나면 아파트 가격이 오르던 때를 기억한다면, 또 요즘같이 부동산 가격이 오를 때에는 내 말이 이해도 공감도 안 될 것이다.

그리고 오랫동안 열심히 돈을 모아 어렵게 마련한 집이니 자산이라고 주장하고도 싶을 것이다. 하지만 주택은 당신의 호주머니에서 돈을 빼 가는 부채임이 확실하다. 내 집을 가지고 있는데 각종 비용으로 유지하기에는 벅찬 경제적 어려움을 겪는 것, 이것이 종종 회자되는 하우스 푸어(house poor)의 실체이다.

만일 그 구입과 소유에 따른 모든 비용을 상쇄할 만큼 가격이 충분히 상승한다면 처분 시점에서는 자산이 증가했다고 볼 수 있다. 실제로는 자산이 아닌 재산이 불어난 것이지만 말이다. 하지만 구입 시점에서 가격이 오를지 어찌 알겠는가? 또 계속 오르기만 할 수 있을까? 주택 가격을 마음대로 결정하거나 통제할 수 있는 사람은 없다. 더구나 끊임없이 오르내리는 경제사이클 속에서, 경기불황의 시기가 올 텐데 여전히 집값이 오를 것이라고 기대하는 것은 어쩌면 운 좋은 요행을 바라는 것과 같다. 혹여 큰 폭으로 집값이 하락한다면 큰 낭패를 보게 된다. 일본의 잃어버린 20년이나 10여 년 전 미국발 금융위기 때처럼 말이다. 기대했던 시세 차익은커녕 손실이 발생하고, 빚을 얻어 마련한 경우라면 이자 부담까지 있으니 더욱 잘못된 투자를 한 셈이 된다.

"내가 은행에서 어렵게 담보대출을 받아 장만한 아파트가 부채라고? 그럼 나는 열심히 저축해서 모은 현금(자산)에 대출(부채)을 더해 부채(아파트)에 투자한 셈이란 말인가?"

금융지능적 관점에서의 대답은 "그렇다"이다.

대표적인 사례가 앞서 언급한 2008년 미국의 금융위기다. 전 세계의 수많은 사람들을 위기로 몰아넣은 미국발 금융위기의 원인은 바로 '주택 가격 하락'이었다. 언제까지나 상승할 것으로 믿었던 주택 가격이 하락하면서 주택담보대출 및 파생상품이 부실해지고 그 결과 수많은 개인들은 물론 유수한 금융회사들이 파산했다. 또 그 파장은 전 세계로 퍼져나갔다.

이처럼 주택을 자산으로 인식할 때의 투자의 위험성은 크다. 거기에다 사는 동안 끊임없이 요구되는 비용을 고려하면 당신이 구입해 거주하고 있는 집은 자산이 아닌 부채이다.

자산	부채
	주택(아파트) → 끊임없이 호주머니에서 돈(세금, 관리비, 이자, 전기료 등)을 빼간다.

주택 소유에 따른 부채를 줄이고 싶다면 비용이 덜 드는 곳으로 거주지를 옮기는 것이 지혜로운 선택이 될 수 있다. 물론 현재의 삶의 질을 높이거나 유지하고 싶은 욕망 때문에 그것이 쉽지 않을 것임을

잘 안다. 그렇지만, 생각해보라. 열심히 돈을 모아 아파트를 갖는 꿈은 이루었지만 부자의 꿈에서는 멀어지고 있는 현실을 말이다.

그저 막연히 내 집 마련의 꿈을 이룬다고 다 부자가 되는 것은 아니다. 올바른 금융지능을 바탕으로 의사결정과 투자 선택을 하느냐에 따라 평생부자가 되느냐 부채를 떠안고 사는 '무늬만 부자'가 되느냐가 결정될 수 있다는 말이다.

● 승용차 · 피아노 등의 내구재

"와, 새 차 뽑았구나. 돈 좀 썼네~ 아주 멋진데!"

"응, 고마워. 마침 적금을 탄 게 있어 투자 좀 했지!"

"…… (투자라고?)."

앞에서 이미 언급한 대화다.

주택 이외에도 우리는 종종 재산이라고 여겨지는 물품들을 구입한다. 삶의 질을 높이고 생활을 편리하게 해주는 승용차, 가구, 피아노, 골프채, 냉장고, 컴퓨터 등의 내구재가 그것이다. 이 물품들이 일반 소비재와 다른 점이 있다면 수명이 비교적 길고 경우에 따라 처분할 때 잔존가치가 있다는 것이다. 그래서 재산이 늘어난 것 같은 기분이 들기도 한다.

그러나 실상은 다르다. 이 내구재들은 구입 즉시 가치가 떨어지고 감가상각비를 발생시키며, 사용하고 유지하는 데 따르는 추가 지출이 발생하므로 명백한 부채다. 만약 빚을 얻어 장만했다든지 할부로 구입했다면 이 또한 부채를 얻어 또 다른 부채를 산 꼴이 된다. 결과적으로 소비를 통해 부채를 증가시키고 호주머니에서 더 많은 돈을 빼내간다.

자산	부채
	승용차, 가구, 가전제품, 피아노, 골프채, 컴퓨터 등 → 지속적으로 호주머니에서 돈 (세금, 감가상각비, 유류비, 수선비, 전기료 등)을 빼간다.

그러니 좋은 차를 사고 멋진 골프채를 사는 것은 호주머니에 돈을 충분히 넣어주는 자산을 가진 후에나 할 일이다.

● **신용카드와 마이너스통장**

현대는 신용사회다. 옛날부터 사람 사이에는 늘 신용이 관계 유지에 중요한 역할을 했지만 점점 그 가치가 커져 신용을 잃으면 많은 것을 잃는 시대가 되었다. 그로부터 파생된 것이 신용카드이며, 그 편리함으로 신용카드는 이미 삶의 일부가 되었다. 하지만 신용카드는 사람들로 하여금 '금전적인 빚을 지도록 해 신용을 잃게끔 만드는 묘한 금융상품'이다.

자칫 번거롭거나 위험할 수 있는 현금 대신 신용카드를 가지고 다니면 편리한 것은 사실이다. 그런데 신용카드는 소비자의 편리성을 위해 개발됐다기보다는 돈의 유통비용을 줄이고, 소비를 촉진하고, 돈의 흐름을 보다 투명하게 관리하려는 정책 수단의 의미가 더 크다. 신용카드를 쓰면 현금이 오가는 대신 금융시스템 안에서 숫자로만 그 흐름을 표시하기 때문에 국가의 경제 시스템 측면에서 획기적인 통제 수단이 된다. 누군가가 당신의 소비를 들여다보고 있다는 말이기도 하다.

자산과 부채 측면에서는 어떤가? 신용카드를 사용하는 것은 호주머니(또는 통장)의 현금이 일정 기간 유예되었다가 빠져나가는 구조이기 때문에 사용할수록 부채가 늘어난다. 어차피 현금 대신 쓰는 것이라고 항변할 수도 있지만, 미래의 지출을 미리 끌어다 쓴 것이니 갚아야 할 부채라고 인지를 해야 한다. 신용카드의 혜택 중에서 사람들이 애용하는 것이 '할부'인데, 높은 이자까지 더하여 지불해야 하는 엄연한 빚이다. 무이자할부도 예외는 아니다. 금융기관은 결코 자비롭지 않다. 할부, 리볼빙 등과 같은 각종 금융상품의 유혹에 쉽게 넘어가지 않아야 한다.

우리가 신용카드를 사용할 때 명확히 인식해야 할 점은 신용카드는 현금이 호주머니에서 빠져나가는 시점을 연기시킴으로써 '소비'

라는 즉각적인 즐거움에 '지불 유예'라는 유혹까지 얹어 불필요하거나 분에 넘치는 소비를 조장한다는 것이다. 이러한 신용카드의 특성은 즐거움과 만족을 지연해 더 큰 열매를 수확하는 기쁨을 얻는 투자의 특성과 명백히 대비된다.

같은 맥락에서, 금융기관이 선심 쓰듯 권하는 마이너스통장 역시 신용카드와 다르지 않다. 신용카드와 마이너스통장은 현실적으로 어쩔 수 없이 쓰지만 우리를 점점 더 가난하게 만드는 범인이다.

자산	부채
	신용카드, 마이너스통장 → 사용할 때마다 부채가 증가 한다.

이러한 사실들을 종합하면 금융자본주의라고 지칭되는 오늘날 국가의 금융시스템이 국민(개인 혹은 가계)에게 자꾸 빚을 지게 하고 있다는 결론이 나온다. 경제가 어려워지면 질수록 '절약해 저축하라'는 소리는 아주 작게 내고, 각종 저렴한 금리로 포장된 대출상품 등으로 소비를 부추긴다. 이러한 금융시스템의 이익놀음에서 벗어나는 길은 금융시스템을 명확히 이해하는 지능을 갖추고 자신을 통제해 미래를 대비하는 것뿐이다.

이런 자산에 투자하라

자산이라고 믿었던 것들이 모두 부채라면 도대체 무엇에 투자해야할까? 내 호주머니에 돈을 넣어주는 자산에는 무엇이 있을까?

아마도 당신은 "아무리 살펴보아도 나에게는 매달 직장에서 받는 봉급 외에 호주머니에 돈을 넣어줄 만한 것이 별로 없다. 저축을 하고 목돈을 모아도 지속적인 추가 수입을 만들 수 있는 수단이 많지 않다. 그렇다고 수입과 지출의 쳇바퀴 속에서 지낸다면 지금은 괜찮을지 모르나 더 나은 삶을 기대하기는 어렵다. 도대체 어떻게 해야 하는가?"라며 답답해하고 있을지 모른다.

이러한 반응은 내가 세미나를 진행하면서 여러 번 접했었다. 그 답답함을 해소하려면 자산—부채의 변별력을 가지고 투자의 대상이 될 수 있는 자산을 살펴보는 노력이 필요하다.

● **적금 · 보험 · 연금저축 등**

우리는 미래를 대비하거나 투자를 하기 위해 적금, 보험, 연금저축등 다양한 형태로 목돈을 만든다. 이러한 저축은 주머니에서 돈이 빠져나가기는 하지만 소비나 부채가 아니다. 겉으로 보면 돈이 나가는 모양새를 띠지만 시간이 지나면 이자 등의 추가 수입을 주는 자산이며, 만족 지연의 대가로 미래에 호주머니에 돈을 넣어주는 일종의 투자이다.

금융자산에 투자할 때는 만기에 목돈을 타는 상품보다 '지속적으로 호주머니에 돈을 넣어주는' 연금 같은 금융상품이 자산의 역할을 보다 더 충실히 할 수 있다.

저축형 금융상품은 다른 자산을 갖지 못한 사람들이 작은 규모로 투자할 수 있는 유일한 수단이다. 따라서 적은 금액이라도 금융상품의 성격과 조건, 미래 가치 등을 꼼꼼히 살펴 지혜롭게 선택해야 한다. 단, 주변 사람들이나 자칭 '전문가'에게 의존해서는 좋은 투자가되기 어렵다. 스스로 시간을 투자하여 금융지식을 쌓는 것이 먼저다.

자산	부채 (위험)
적금·보험·연금저축 → 미래를 위한 투자 지출로, 만족 지연의 대가로 호주머니에 돈을 넣어준다.	드물지만, 금융기관이 파산하면 자신의 손실로 이어질 수도 있다.

● 주식 또는 펀드

보통 투자하면 주식이나 펀드를 떠올린다. 돈이 투자되는 곳은 부동산, 주식, 채권 등 다양한데 그 중에서 목돈이 없고 깊은 지식이 없어도 가까운 금융회사에 가면 손쉽게 접하고 시도할 수 있는 것이 주식 투자이기 때문이다. 그러나 주식시장이 호황일 때 더욱 주의해야 한다.

시장에서 발행되는 주식은 본래 기업의 자금을 조달하는 것이 목적이므로 국가경제 전반을 위해서는 정책적으로 주식시장을 활성화하고 성장시키는 것이 매우 중요하다. 그래서 국가는 시장경제의 활황도를 재는 잣대로서 주식시장의 움직임에 촉각을 세운다. 이러한 사실을 단기적인 시세 차익을 목적으로 하는 주식 투자자들이라면 분명히 알아야 한다. 개인의 단기적 재테크 수단으로서 주식시장이 존재하는 것이 아니라 기업의 자금 조달과 그에 따른 장기 투자를 위한 것이라는 사실을 말이다.

누구든 주식을 살 때는 당연히 오를 것이라고 기대한다. 하지만 나름대로 많은 정보를 분석하고 판단해 투자한다 해도 나와 같은 개인 투자자들은 기업의 가치와 그 가치를 평가하는 주가(株價)를 통제하지 못한다. 전혀 통제할 수 없는 것에 투자를 한다는 것은 요행을 바라는 거래이며 투기일 뿐이다.

짐작했겠지만, 많은 이들이 일시적 추가 수입을 목적으로 하는 일반적인 주식 투자는 결코 자산에 대한 투자라고 볼 수 없다. 안정성과 성장성이 있는 주식을 장기간 보유해 꾸준히 배당을 받는다면 모를까.

실제로 금융지능이 높은 큰 부자들은 차익을 위한 일시적인 거래보다는 기업 소유권의 일부를 가짐으로써 기업 성장과 더불어 그 열매를 나누려 한다. 지속적 배당과 성장이 기대되는 우량 기업을 변별하는 정보와 능력이 있기에 가능한 일이다.

그러기에 시장에서는 주식을 '위험자산'이라고 부른다. 단순하게 손실의 위험을 뜻하기도 하지만, 금융지능적으로는 '자산으로 인식해 투자했지만 손실로 인해 언제든 부채가 될 수 있다'는 의미이다.

재미있는 것은, 세미나 참석자들에게 100만 원이 생기면 무엇을 할지 물었을 때는 주식에 투자하겠다는 사람이 간혹 있었지만, 10억 원이 쥐어졌다고 가정했을 때는 거의 없었다. 왜 그럴까? 이미 많은 사람들이 큰돈을 주식에 투자하는 것은 너무 위험하다고 생각하기 때문일까? 게다가 모든 거래에는 비용(수수료, 세금)이 동반된다. 그 비용은 시세 차익이 있든 없든 항상 발생한다. 그래서 주식 투자는 자산이기보다는 부채가 될 가능성이 훨씬 높다. 그러니 호주머니에 돈을 넣어줄 것인지가 불분명하다면 투자를 보류하는 것이 좋다.

배당을 목적으로 하는 투자 외에 주식으로 부자가 될 수 있는 방법이 한 가지 더 있다. 그것은 사업체를 만들고 키워 가치가 높아진 주식을 공개시장 또는 비공개시장에서 파는 것이다. 또는 유망한 사업체를 발굴해 초기에 참여하는 것도 포함된다. 많은 성공한 기업가들이 그렇게 해서 큰 부자가 되었다. 이들이 돈을 벌 수 있었던 것은 어느 정도 기업 가치의 통제력을 지녔기에 가능한 일이었다. 이는 '부자가 되려면 주식을 파는 사람이 되어야 한다!'는 기요사키를 비롯한 많은 전문가들의 조언으로 요약된다.

결론적으로 주식을 사고팔아 시세 차익을 목적으로 하는 거래는 자산에 대한 투자로 볼 수도 없고 돈을 벌기도 어렵다. 반론이 있겠지만, 당신이 산 주식의 가치를 단 1원이라도 당신의 의지대로 올리거나 내릴 수 없다면 결국 요행을 바라는 것과 같다는 의미다. 진정한 의미의 투자란 자산을 소유하기 위한 것이어야 하고, 지속적이고 장기적인 현금흐름을 위한 것이어야 한다.

자산	부채 (위험)
정기적인 배당을 목적으로 하는 주식 혹은 펀드에 투자 → 현금 배당 혹은 주식 배당으로 소유 가치를 높일 수 있다.	언제든 손실의 위험이 있는 주식 투자, 즉 한번의 투자 성공이 다음의 성공을 보장하지 않는다.

● **사업체**

사업체를 갖는 것은 직장 혹은 일자리와 대비되는 선택으로, 자산을 구축하기에 가장 좋은 수단이 될 수 있다. 저금리 현상의 장기화로 예금, 주식, 부동산 등 소위 재테크 수단의 수익률이 하향 평준화되는 소위 '재테크 빙하기'에는 더욱 그렇다. 단, '할 수 없이' 하는 사업이 아닌 적극적인 의지와 비전을 가지고 시작하는 사업이어야 한다.

보통의 경우 '사업(Business)'이라고 하면 어느 정도의 자본을 필요로 하는 자영업, 특히 제조나 판매·유통을 생각하게 된다. 그러나 세상에는 '만드는 것', '파는 것' 말고도 많은 종류의 사업이 있다. 학원처럼 '가르치는 일'도 사업이 되고, 부동산 중개소와 같이 '중개하거나 소개하는 일'도 사업이 된다. 방송국이나 광고회사처럼 '알리는 일'도, 네트워크마케팅 비즈니스 같이 '소비하고 나누는 일'도 사업이 된다. 부업처럼 작게 사업을 할 수 있는 기회도 많다는 뜻이다. 즉 사업의 본질은 가치를 만들고 누군가에게 그 가치를 전달하거나 교환하고자 하는 것이기 때문에 투자를 통해 가치를 창출할 수 있다면 제품, 서비스, 아이디어 등 무엇이든 사업이 될 수 있다.

물론 다른 모든 투자와 마찬가지로 실패의 위험은 존재한다. 그러나 사업의 경험과 지식이 쌓이면 스스로 통제할 수 있는 영역이 점점 넓어지고 결국 성공 가능성도 커진다. 작게 시작해 배우고 터득하면서 점차 규모를 키워간다면 사업의 성공으로 큰 자산을 만들 수 있다.

안타까운 것은 사업에 실패했다고 해서 다시 직장으로 돌아가거나 다른 종류의 사업에 눈을 돌리는 경우이다. 쌓인 경험과 지식 없이 또 다른 수업료를 지불하러 가는 것과 다르지 않다. 실패한 사업 아이템이 트렌드에 역행하거나 환경의 변화로 더 이상 비전이 없다면 얘기가 다르겠지만 말이다.

그런데 사업체라고 해서 다 자산이 되지는 않는다. 앞에서 정의했

사업체라고 해서
다 자산이 되는 것은 아니다.
사업체가 자산이 되려면
'지속적인 수입'을 줄 수
있어야 한다. 사업체가
지속적인 수입을
창출하는 데 있어 가장
중요한 것은 시스템이다.

듯 어떤 사업이 자산이 되려면 '지속적인 수 입'을 줄 수 있어야 한다. 사업이 지속적인 수입을 창출하는 데 있어 가장 중요한 것은 시스템의 유무다. 제법 규모가 있는 사업체의 인사 시스템, 판매 시스템, 재무관리 시스템, 의사결정 시스템, 프랜차이즈 시스템 등을 떠 올리면 이해가 쉬울 것이다.

시스템은 지속적인 수입을 창출하는 일련 의 프로세스(process)로 정의된다. 시스템이 존재한다는 것은 주인 한 사람의 개인적 노동력이 아닌 팀 혹은 절차에 의해 결정되고 운영된 다는 뜻으로, 다른 사람의 고용과 가치를 만드는 일련의 과정이 표준 화되어 있음을 의미한다.

대부분의 소규모 자영업체는 주로 주인의 판단과 노동력, 직원 개 인의 능력에 의존하는 경향이 있다. 하지만 사업체가 성장할수록 주 인의 노동력보다는 여러 사람을 움직이는 시스템에 의해 수입이 창 출되어야 한다. 전 세계적으로 인정받는 프랜차이즈인 맥도날드나 스타벅스 매장에 가보면 시스템의 의미를 더욱 분명히 이해할 수 있 다. 매장의 규모가 크던 작던 간에 상관없이 주인이 보이지 않는데도 운영되는 모습 말이다.

여타의 소규모 매장과 같이 주인이 자신의 노동력을 투입해 인건비를 아낄 수도 있겠지만, 노동력이 아닌 시스템이 주가 되어 움직이는 사업에서는 그렇게 하지 않는다. 사업체가 일터가 아닌 자산이 되었기 때문이다. 따라서 주인이 일일이 개입하지 않아도 시스템에 의해 경영되고 운영되는 사업체를 만드는 것을 투자의 최종 방향으로 삼아야 한다.

그런데 성공적인 시스템을 갖춘 사업체의 궁극의 자산은 무엇일까? 설비? 인적 자산? 기술력? 상품이나 서비스? 정답은 '애용자'다. 애용자(단골손님)가 궁극의 자산이다. 모든 사업은 비록 눈에 보이지 않는다 하더라도 애용자라는 실질적인 자산을 만들고 키워가는 것이 본질이다. 그래서 나는 '비즈니스는 단골게임'이라고 정의하기도 한다. 가게가 아무리 잘 되는 듯해도 늘 새로운 손님뿐이라면 문을 닫는 건 시간문제다.

'지속적인 가치'를 느끼는 소비자(개인이든 기업이든)가 다시 찾을 때만 사업은 유지되고 성장한다. 초대형 기업이든 집 앞의 떡볶이 가게든 '한 번 방문한 소비자를 애용자로 만들 수 있는가?'가 모든 사업 성패의 핵심이다. 기술 개발을 하고 서비스를 강화하고 광고를 하는 모든 행위가 결국 더 많은 애용자를 확보하기 위한 투자이며, 애용자를 확보해야 그 투자가 유효해진다.

종종 '소비자가 왕이다', '고객이 우리에게 봉급을 준다', '소비자 만족이 최우선이다'라는 말과 표어로 그 중요성이 표현되지만, 실제로또 애용자라는 무형의 자산을 쌓는 것이 사업 목표의 전부라고 말할 수 있다. 일례로 로또 사업이 잘 된다면 로또를 사는 애용자가 많기 때문이며, 누가 연예스타가 되었다면 그 스타를 찾는 팬들이 많다는 뜻이다.

사업이란 결국 '애용자라는 자산 만들기'이다. 따라서 애용자를 만들어가는 행위는 규모와 방법에 상관없이 모두 사업이라고 볼 수 있다.

자산	부채
수익을 창출하는 시스템을 갖추었거나 갖추어가는 사업체	실패한 사업체 (추가 수입 창출에 실패)

● 로열티 · 인세 등 무형 자산

무형이지만 자산으로 간주할 수 있는 것이 또 있는데 특허권, 저작권, 기술 로열티, 책이나 음반 판매에 따른 인세 등 다양한 형태의 권리로부터 오는 수입이다. 이러한 것들은 그 권리를 얻을 때까지 많은 투자와 노력, 때로는 재능을 필요로 하지만 일단 그 권리를 얻으면 호주머니에 돈이 지속적으로 들어온다.

물론 어떤 권리나 자격이 있다고 반드시 돈이 들어오는 것은 아니다. 또 무형 자산은 누구나 손쉽게 가질 수 있는 자산도 아니다. 놀라운 발명을 한다든지, 꾸준히 사랑받는 책이나 음반을 낸다든지, 모방하기 어려운 아이디어를 내는 등 어찌 보면 아주 특별한 경우들이다. 최근에는 페이스북, 유튜브, 카카오톡 등 다양한 SNS(Social Network Service)와 그 위에 얹어지는 많은 콘텐츠들이 무형 자산으로서 수익 모델을 만들어가고 있다.

이러한 수입은 남다른 아이디어나 능력을 요구한다. 그래서 많은 사람들이 자신과는 관계없는 자산으로 생각하는데, 인간은 일생 동안 조물주가 주신 재능의 2%밖에 꺼내 쓰지 못하고 죽는다고 하니 지금부터라도 나머지 98%의 재능을 살려보는 건 어떨까? 그러면 당신도 로열티나 인세 같은 무형 자산을 가질 수 있을지도 모른다.

실제로 많은 사람들이 자신의 잠재능력을 꺼내 쓰지 못하기에 평범하게 사는 것이 아닐까 하는 생각을 해본다. 부자가 되는 것도 잠재능력을 꺼내 쓴 결과이지 않을까? 혹 당신이 로열티나 인세처럼 특별한 수입을 주는 무형 자산을 갖기는 어렵다고 생각한다면 그 근거가 있는가? 사람은 생각하는 대로 된다는 것을 믿어보자.

자산	부채
로열티, 인세 등의 무형 자산 → 지속적으로 호주머니에 돈을 넣어준다.	트렌드와 경제 상황에 맞지 않으면 비용만 발생시키면서 그 가치를 상실할 수 있다.

● 임대 부동산

지속적으로 주머니에 돈을 넣어주는 자산으로서 임대 부동산만한 것이 있을까? 물론 큰 투자를 필요로 하지만 말이다.

1990년대 말 우리나라가 IMF 경제상황으로 인해 많은 직장인들이 생활 안정에 위협을 받고 있을 때, 지금은 돌아가신 어머니와의 대화가 떠오른다.

"요즘 다 어렵다는데 너희 회사는 괜찮니?"

"네 어머니, 저희는 큰 문제 없어요. 걱정하지 마세요."

"그래 별일 없어야 할 텐데…. 직장도 좋지만 나이 먹으면 힘들지. 얼른 돈 벌어 조그만 건물이라도 사서 세를 받으며 살 수 있으면 좋겠구나."

"네, 곧 그렇게 될 거예요!"

그러나 나는 결국 그렇게 하지 못했다. 비교적 적은 돈으로 가능한 경매부동산에도 관심을 가져보았지만, 아무리 열심히 모은다 해도 직장에서 받는 수입만으로는 세를 놓을 수 있는 건물을 장만하는 것이 불가능했다. 그저 미래에 대한 막연한 희망을 갖는, 어찌 보면 경제적으로 순진하다 못해 너무 무지했던 탓이라고 고백할 수밖에 없다.

보통의 경우 부동산 투자라면 주식 투자와 마찬가지로 일시적인 자본 이득을 목적으로 하는 거래를 생각하는데, 시세 차익에 대한 불확실성과 함께 현금화가 용이하지 않다는 점에서 위험성이 더 크다. 따라서 할 수 있다면 꾸준한 임대수입을 주는 부동산에 투자하는 것이 자산으로서의 가치가 더 크다.

우리나라에서는 유독 전세 임대의 인기가 좋다. 하지만 점차 월세 임대로의 전환을 선호하는 경향이 늘고, 임대형 혹은 수익형 부동산에 대한 관심이 커지고 있다. 이는 예금금리는 자꾸 낮아지는 반면 지속적인 수입의 가치에 관한 이해가 커지면서 나타난 현상인데, 일시적인 현상이 아닌 앞으로의 추세가 될 것으로 예상된다. 한 달 단위로 유입되는 현금흐름의 중요성에 대한 사람들의 인식이 커지고 부에 대한 이해가 달라지고 있음을 보여준다.

자산	부채
임대 부동산(아파트) → 지속적인 임대료 수입	관리비용 증가, 공실로 인한 수입 감소, 시장 변화라 지역 정책에 의한 가치 하락 등의 위험이 있다.

● 채권

채권은 정부, 공공단체와 회사 등이 발행하는 기한부 증권으로 정해진 상환 기간 동안 정해진 이자수입을 주는 자산의 한 형태다.

주식과 크게 다른데, 주식은 거래에 의한 자본 이득이 목적이라 해도 보유하는 동안은 주주가 되어 기업 가치의 상승이나 하락에 대한

111

책임을 지지만, 채권은 돈을 빌렸다는 일종의 차용 증서이므로 국가·기관·기업 등의 발행자가 지불 능력을 잃을 경우를 제외하고는 이자에 의한 추가 소득과 더불어 원금 회수의 가능성이 높다. 그래서 주식과 대비해 '안전 자산'이라고도 부른다. 또 시장에서 금리 변동에 따른 시세 차익을 얻을 수도 있다. 그러나 주식투자에 비해 비교적 안정적인 대신 상대적으로 수익률이 높지 않다고 인식되며 장단기 금리변동에 따른 위험도 상존하고 있어 금융지식이 풍부한 대규모 자본에 의한 투자가 일반적이고 개인 선호도는 그리 높지 않은 편이다. 이는 대체로 개인들이 장기적인 투자보다는 단기적인 투기 성향을 갖고 있다는 점과 관련되어 있지 않나 하는 것이 그동안의 경험을 통해 얻은 나의 관찰이다.

자산	부채
채권 → 지속적인 이자소득 및 자본이득의 가능성	비교적 안전한 국채, 공공채가 아니라면 기업의 흥망에 따른 손실의 위험이 있다.

돈은 가치를 따라다닌다

사실 호주머니에 돈을 지속적으로 넣어주는 투자의 대상은 그리 많지 않다. 이제까지 살펴본 저축상품과 채권, 배당이 있는 주식, 임대 부동산, 시스템화된 사업체, 무형의 권리자산 등이 전부다.

어떤 자산이든 호주머니에 돈을 넣어줄 수 있는 이유는 그 자산에 '가치'가 있기 때문이다. 돈은 쫓아가서는 잡을 수 없고 따라오게 해야 한다는 말이 있다. 즉 가치가 있는 곳으로 돈이 따라온다는 말이다. 가치가 없는 곳에 돈이 모이는 것은 일시적이거나 사기성이 있을 때뿐이다. 그래서 자산을 정의할 때 '지속적으로'라는 단어를 포함하는 것이다.

한편으로 우리가 원하는 돈을 호주머니에 넣어주는 것을 '자산'이라고 부르니, 꼭 금전이 아니어도 우리가 원하고 필요로 하는 '가치'를 호주머니에 넣어주는 것이 있다면 그 또한 '자산'이라고 부를 수 있다.

예를 들어, 사람을 자산으로 보고 인재를 키우는 일에 투자할 수도 있고, 근래 그 영향력을 크게 넓혀가는 SNS와 같이 공동의 관심사를 갖는 커뮤니티에 투자할 수도 있다. 또한 이 책의 뒤편에서 소개되는 네트워크마케팅 비즈니스도 애용자 커뮤니티가 자산이라는 관점에서 투자의 대상이 될 수 있다. '내가 알고 있는 것을 얼마나 많은 사람이 알고 있는가?' 하는 공유의 정도가 경제적 가치의 척

Rich's Keypoint

어떤 자산이든
호주머니에 돈을 넣어줄 수
있는 이유는 그 자산에
'가치'가 있기 때문이다.

무엇이 자산이고
무엇이 부채인가를
분명하게 구분한다면
경제적으로도,
삶의 가치 측면에서도
부자가 될 준비를
갖추었다고 할 수 있다.

도가 되는 시대이기 때문이다.

관점을 확대해보면, 사람마다 갖는 가치관의 기준에 따라 경제적 가치 이외에도 많은 의미 있는 가치들이 무형 자산이 될 수도 있다. 때로는 돈 못지않게 중요하다고 할 수 있는 행복, 건강, 기쁨, 사랑 등이 한 예다. 그러한 자산을 키워가는 것 또한 인생에서 의미 있는 일일 것이다.

한편으로는, 훨씬 많은 것들이 부채라는 것도 기억해야 한다. 우리가 가진 것들 중 금전적인 소유물들은 거의 비용을 유발하는 부채라 할 수 있지만, 건강이나 인간관계를 해치는 나쁜 습관 등 금전적이지 않은 부채도 매우 많다. 부와 성공을 꿈꾸는 사람이라면 의지를 작동시켜서 버리거나 줄여나가야 할 것들이다.

무엇이 자산이고 무엇이 부채인가를 분명하게 구분한다면 경제적으로도, 삶의 가치 면에서도 부자가 될 준비를 갖추었다고 할 수 있다.

기요사키로부터 금융지능적 자산과 부채의 변별력을 배운 이후로 나는 '가치를 주는 자산'을 찾아 투자하려는 노력을 계속 해왔다. 또 그런 자산을 만들 수 있는 수단을 찾아 꾸준히 움직여왔다. 큰돈이 없으니 주로 시간 투자에 초점을 맞추었지만, 그 결과 이제는 경제적으로도, 여러 가치적 관점에서도 내가 꿈꾸는 부자의 모습에 점점 다가가고 있다고 자부한다.

이제 당신의 호주머니에 돈(가치)을 넣어줄 수 있는 자산들을 찾아 목표를 설정하고, 장기적인 계획을 세워 그 방향으로 코뿔소처럼 나아갈 차례다.

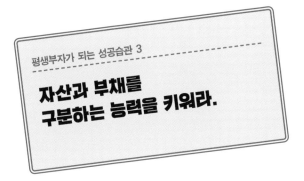

평생부자가 되는 성공습관 3

**자산과 부채를
구분하는 능력을 키워라.**

부자가 되는 비밀,
시간에 있다

어제(과거)는 부도수표이고, 오늘(지금)은 현금이며, 내일(다가올 미래)은 약속어음이다.
약속어음의 부도를 막으려면 쓸 수 있는 '오늘'을 투자하라. 당장 행동하라!(Just Do It!)
미루기는 만성적인 사망 상태이며 기회의 암살자일 뿐이다.

내가 가진 것을 투자한다

이제까지 나눈 얘기를 정리해보자.

● 자산은 내 주머니에 돈을 넣어주는 것, 혹은 미래에 넣어줄 것
  으로 예상되거나 기대되는 것이다.

116

- 자산의 개념이 시간으로 확장된 것은 호주머니에 돈을 넣어줄 때까지 시간을 필요로 하기 때문이다.
- 모든 자산은 가치를 지니고, 돈은 가치가 있는 곳에 존재한다.
- 내 주머니에서 돈을 빼가거나 빼갈 것으로 예상되는 것은 모두 부채다.
- 삶을 이루는 모든 것은 유형이든 무형이든, 심지어 생각이나 개념조차도 자산 혹은 부채로 구분할 수 있다.
- 부자로 살고 싶다면 자산은 만들어 키우고 부채는 줄여야 한다.
- 투자란 내가 가진 것(재산)을 자산화(化)하는 것이다.

어찌 보면 너무나 당연한 내용들인데, 우리가 지나치고 살아온 건 아닐까? 이제라도 자산과 부채를 구분하고, 자산을 만들고 키우는 데 집중적으로 투자해야 한다.

이쯤에서 당신은 자신에게 물을 것이다.

'투자란 내가 가진 것을 넣는 것인데 나는 무엇을 가지고 있나?'

돈이 일하게 하자

'가진 것'이라고 하면 재산이란 단어가 먼저 떠오른다. 그러나 앞에서 이야기했듯 재산과 자산은 분명히 다르다. 하지만 호주머니에 돈을 넣어주는 자산의 개념을 안다면 '황금알이 있다면 거위를 살 수 있다'는 말을 이해할 수 있다. '자산화'한다는 말이다. 따라서 당장 자산이 하나도 없는 듯해도 실망할 것 없다. 누구나 무엇인가를 가지고 있고 이를 자산으로 만들 수 있기 때문이다.

살펴보면 가진 것이 많든 적든 실제 투자할 수 있는 것은 두 가지 뿐이다. 바로 돈과 시간! 그리고 돈과 시간은 늘 함께 다닌다.

그런데 사람들은 투자라고 하면 돈만 떠올린다. 당연하다. 자본주의 사회에서, 게다가 도시에 살면서 돈이 없으면 한 발자국도 움직일 수 없으며 모든 형태의 투자에는 돈이 필수이기 때문이다. 아주 적은 금액이라도 말이다.

여기서 우리는 '돈을 투자한다'는 말의 의미를 되새겨야 한다. 돈을 투자한다는 것은 '돈에게 일을 시킨다'는 뜻이다. 달리 표현하면 '돈이 일을 한다'이다.

이것을 이해하는 것이 중요한 이유는 부자가 되려면 돈이 일을 올바로 하도록 당신이 제 역할을 해야 하기 때문이다. 만약 투자의 결과가 좋지 않으면 돈이 일을 잘하지 못한 것이다. 그런데 일을 시킨 사람은 당신이니, 당신이 잘못한 것이나 다름없다. 돈이 올바른 방향으로 일을 했을 때만 돈을 벌 수 있다. 그저 투자한다고 다 추가 수입이 생기는 것이 아니다.

돈이 일을 잘할 수 있도록 하려면 어떻게 해야 할까?

당신이 누군가를 고용해서 일을 시킨다고 가정해보자. 원하는 결과를 얻으려면 두 가지가 필요하다. 하나는 고용인에게 일의 목적과 구체적인 결과, 필요한 준비와 과정에 대해 상세하게 알려주어야 한다. 두 번째는 고용인을 믿는 것이다. 다시 말하면 어떤 자산을 어떻게 만들고 키워갈지를 알려주고 나서 믿고 기다려야 한다.

투자를 통해 호주머니가 두둑한 부자가 되려면 소비와 투자, 자산과 부채의 변별력과 더불어 자산이면서 투자의 대상이 되는 돈과 시간에 대한 깊은 이해가 필요하다. 내가 시키는 대로 돈이 일을 할 것이라는 믿음은, 알지 못하는 사람을 신뢰할 수 없듯이, 돈에 대해 잘 알 때만 가능하다.

마찬가지로 시간에 대해서도 잘 알아야 한다. 시간의 속성을 이해하고 시간을 잘 써야 한다는 말이다. 돈이 올바른 방향으로 일을 한다는 것은 투자에 방향성이 있음을 의미한다. 방향성이 있는 투자란 바로 목표가 있으며 시간이 개입되는 것을 뜻한다.

다시 말하지만, 돈은 시간과 함께 다닌다. 생각해보자. 우리 삶에서 시간을 분리할 수 있을까? 절대 그럴 수 없다는 걸 당신도 잘 알

것이다.

결론적으로 돈을 쓴다는 것은 시간을 쓰는 것이고, 돈을 투자하면 시간이 함께 투자되는 것이다. 그렇기에 시간의 흐름에 따른 변화를 읽을 수 있어야 하는 것은 물론이다. 따라서 돈과 시간이 함께 일하게 하는 지혜가 필요하다.

기회의 신 카이로스

시간은 아주 특별하다. 돈은 시간과 함께 일하지만 시간은 혼자서도 일을 한다. 시간은 우리의 삶 자체이기도 하지만, 진정한 부 역시 시간의 단위로 표시되고 정의된다. 돈이라는 것도 시간의 의미가 더해졌을 때 보다 더 가치가 크다.

시간이 일을 할 때, 그 이름은 카이로스(Kairos)다. 그저 의미 없이 흘러가는 크로노스(Chronos)와는 달리 인간의 의지가 작용할 수 있는 영역이다.

카이로스와 크로노스는 그리스 신화에 나오는 시간의 두 얼굴이다. 하늘과 대지의 신(神) 사이에서 태어나 아버지를 거세하고 신들의 세상을 지배한 크로노스는 자신이 아버지에게 했듯 자식의 반란을 염려해 자식을 잡아먹는 신이다. 태어나는 대로 자식을 잡아먹듯 시간을 집어삼킨다. 모든 것을 소멸시키기에 크로노스로 인해 세상의 어느 것도 영원한 것은 없다.

하지만 어머니의 지혜로 간신히 살아난 막내는 예언대로 아버지를 몰아내고 신들의 왕이 된다. 바로 제우스다.

제우스의 막내아들인 카이로스는 그저 흘러가는 할아버지 크로노스의 시간에 의미와 가치를 부여하는 신이다. 그는 벌거숭이로 다닌다. 앞이마를 풍성하게 덮은 긴 머리칼 외에는 아무것도 걸친 게 없어 인간이 의미 있는 삶을 살려면 카이로스가 다가오길 기다렸다가 앞머리를 부여잡는 길밖에 없다. 날개가 있어 쏜살같이 지나가는 데다 벌거숭이에 머리의 뒷부분은 대머리이니 다가오는 순간을 놓치면 잡을 방법이 없다. 그래서 카이로스의 또 다른 이름은 '기회'다.

크로노스가 우리의 의지와 상관없이 시간을 소멸시키며 모든 것을 집어삼킨다면, 카이로스는 삶에 의미와 가치를 부여하고자 하는 인간이 시키는 일을 충실히 한다. 아주 작은 시간 조각도 그냥 보내지 않는다. 그래서 인간에게 주어진 하루 24시간이 기본적으로 크로노스의 영역이라면, 그중에서 얼마나 많은 기회(카이로스)를 잡아 의미 있는 일을 하게 할까 하는 것은 신이 우리 인간에게 준 몫이다.

그러므로 큰돈이 없어 부자가 될 기회를 가질 수 없다고 푸념하고 핑계 대는 일은 그만두자. 내게 주어진 시간이 큰 일을 할 수 있다는 것을 알아야 한다. 나무를 키우는 것도, 포도주를 숙성시키는 일도, 예금에 이자를 더하는 것도 모두 시간이 일을 한 결과다. 우리는 시간을 쪼개 나무를 심고, 포도주를 담그고, 적은 돈이라도 저축을 하면 된다.

늘 바빠 투자에 집중할 시간이 많지 않다고 생각하는 사람들도 마찬가지다. 잘 들여다보면 모든 일은 잘게 쪼개져 투자한 시간들이 모여 만들어낸 결과다. 실제로 모든 성취는 작은 시간들이 모여 일을 한 결과다. 영어 실력도 단어 하나하나를 외우면서 늘어나고, 거대한 만리장성도 오랜 시간 돌을 하나하나 쌓아올려 만든 것이다. 시간을 쪼개 투자한 하루 세끼 식사가 우리 몸을 건강하게 유지시켜주는 것도 같은 맥락이 아니겠는가?

시간의 마법

시간은 많은 일을 동시에 수행한다. 우리가 공부를 하고 지식을 쌓는 동안 키를 자라게 하고, 직장에서 일하면서 봉급을 버는 동안 예금한 돈의 이자를 키운다. 이 점을 잘 이해한다면 우리는 시간이 많은 일을 하게 할 수 있다.

물론 시간은 우리가 시키지 않은 일도 한다. 때가 되면 배고프다고 알리고, 아름다운 얼굴에 주름을 만들며, 잡초를 자라게 하고, 부채의 이자를 키운다. 크로노스가 일을 할 때는 사람들을 차별하지 않는다.

이러한 시간의 마법에 성공의 비밀이 있다. 즉 시키지 않아도 시간은 모든 사람에게 똑같은 일을 하지만, 사람마다 시간에게 어떤 일을 시키느냐에 따라 많은 것이 달라진다. 돈과 마찬가지로 시간이 올바로 일하게 하는 것이 당신의 꿈을 이루고 부자가 되는 핵심이라는 뜻이다.

시간이 내가 원하는 일을 하도록 만들 수 있다면 나는 세상에서 가장 강력한 파트너를 갖게 된다. 내가 더 열심히 일하면 시간도 그만큼 더 열심히 일한다. 또한 '시간은 내가 움직이는 방향으로 함께 일을 한다'는 말처럼 우리는 시간을 통제할 수 있고 시간의 레버리지를 이용할 수 있다.

부자들, 즉 성공한 사람들은 시간이 일을 한다는 비밀을 아는 사람들이다. 그들은 시간을 만들어 투자한다. 작은 투자가 지속적으로 쌓여 큰 자산이 만들어진다는 것을 알고 있다. 결정적으로, 시간이 자신과 함께 일한다는 것도 안다. 돈보다 시간을 더 소중하게 여기면서, 소중한 것을 투자해야 더 큰 것을 얻는다는 것을 안다. 그들

Rich's Keypoint

시간이 내가 원하는 일을 하도록 만들어라. 그러면 당신은 세상에서 가장 강력한 파트너를 갖게 된다.

은 기회의 신 카이로스를 파트너 삼아 일을 할 줄 아는 사람들이다.

대부분의 가난한 사람들은 시간이 일을 하도록 하기보다는 늘 시간에 쫓기며 산다. 매일의 생계를 꾸려나가는 것만으로도 충분히 바쁘다. 기회가 와도 못 알아보고 시간 투자를 안 하려 하거나 적게 하면서 무언가가 되기를 바라기만 한다. 시간을 덜 쓰는 효율을 앞세우고 요령을 부러워하며 시간보다 돈을 더 소중히 여긴다.

당신은 어떠한가?

시간이 일하는 동안 기다릴 줄 알아야 한다

시간이 일을 한다는 사실은 돈이 넉넉하지 않은 사람에게도, 바쁜 사람에게도, 그 밖의 모든 사람들에게도 큰 기회이고 희망이다. 조각난 시간조차 한 가지 목표를 향해 모아지면 열매를 맺고 자산을 만들 수 있기 때문이다.

기업에서 사람을 고용하는 것도 여러 사람들의 시간을 모아 투자함으로써 큰 레버리지 효과를 내려는 것이다. 투자의 속성이 '현재의 만족을 미루어 미래에 큰 열매를 따려고 하는 것'이라고 할 때 분명한 방향성을 갖고 일관되게 한 걸음씩 옮기는 동안 시간이 동반자가 되어 목표에 가까이 다가가게 될 것이다.

따라서 돈이 일을 하게 하라고 했지만 '시간이 일을 하게 하는 것', '기다릴 줄 아는 것'이 더 중요하다. 돈이 일을 하게 만드는 것도 시간이기 때문이다. 사람들이 돈을 투자하면서 충분한 시간을 함께 투자하지 않는다면 또는 기다려주지 않는다면 돈이 따라오지 않거나 이미 투자한 돈도 잃게 된다.

돈이 충분치 않아도 시간을 충분히 투자하면 무엇이든 만들어낼 수 있다. 말콤 그래드웰은 《아웃라이어(Outliers)》에서 성공의 조건으로 '때(timing)'와 함께 '충분한 시간 투자'가 필요함을 여러 성공 사례들을 인용해 증명하고 있다. 어떤 일이든 성공자의 위치에 서려면 재능이나 요령 이전에 '1만 시간의 투자'가 필요하다고 그는 강조한다. 성공하고 싶고 부자가 되려는 사람에게 중요한 지침이다.

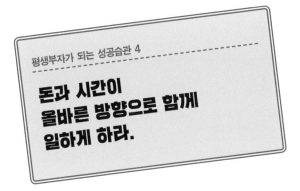

평생부자가 되는 성공습관 4

**돈과 시간이
올바른 방향으로 함께
일하게 하라.**

시간의 함정

그런데 사람들은 시간보다 돈을 더 중요하게 여긴다. 그것은 시간은 모두에게 늘 주어지지만 돈은 그냥 주어지지 않기 때문이다.

시간보다 돈을 더 소중히 여기는 성향은 돈에 쪼들리며 사는 사람일수록 강하다. 그런 사람들은 시간과 돈과 바꿀 수 있는 기회를 찾아다니고, 일자리를 얻었을 때만 시간을 가치 있게 여긴다. 당장 돈으로 바꿀 수 없는 시간은 무의미하다고 생각하고 기다릴 줄도 모른다.

사실 돈과 마찬가지로 무언가를 하기에 충분한 시간을 가진 사람은 많지 않다. 그런 와중에 시간을 돈과 바꾸려 하니 돈에 쪼들리는 사람일수록 늘 '시간이 없다'고 투덜댄다. '시간은 만들어 투자하는 것'이라는 생각을 하지 못한다.

내가 그랬었다. 직장에 충실해야 한다는 이유로 거의 매일 늦게 퇴근하고 주말에도 회사에서 일하는 게 다반사였다. 그 때문에 가족과 함께 지내는 시간이 적어 아내와 자주 다투면서도 회사를 떠나있는 시간은 무의미하게 느껴졌다. 또 틈틈이 주식 투자와 부동산 경매 등에 기웃거리다 보니 마음은 바쁘고 시간은 늘 부족했다. 그러면서도 어쩌다 집에 있게 되면 TV 리모컨을 친구 삼아 어영부영 시간을 보냈다.

그러나 IMF 금융위기로 절망에 빠지면서 나는 오히려 부자의 꿈이 더욱 간절해졌고 자투리 시간을 모아 자산에 투자하는 법을 배울 수 있었다. 게다가 새로운 투자 수단을 만나 지속적인 수입을 만들게 되면서 생계 걱정 없이 직장에서 벗어날 수 있었다.

대부분의 사람들은 시간이 없다는 핑계를 대며 만족하지 못하면서도 현재에 안주하려고만 한다. 현재에 만족하려는 자기합리화에 취해 더 나은 삶을 위한 꿈조차 꾸지 못한다. 평균수명은 자꾸 길어지는데 노후 준비는 막연하고, 머리는 변화가 필요하다고 말하지만 새로운 시도는 두려움이 막아서니 용기를 냈다가도 금세 포기해버린다. 마음 한켠에서는 늘 다음과 같은 생각이 오간다.

"지금보다 더 나은 삶을 살려면 무언가 해야 하는데….."
"하지만 지금도 이렇게 바쁜데 무얼 더 할 수 있겠어?"
"그래도 직장에만 매달렸던 선배들의 모습을 거울삼아 지금부터 미래를 준비해야 하지 않겠어?"
"그렇긴 하지만 가족을 위해서는 직장에 충실한 게 최선이야."
"퇴근 후 짬을 내 다른 기회도 찾아보고 미래를 준비한다고 직장에 충실하지 않은 것은 아니잖아?"
"글쎄, 사실 요즘 몸도 마음도 여유가 없어. 거기에다 무얼 시작하기엔 돈도 충분치 않아. 이런 상황에서 실패하면 더 큰일이잖아. 나중에 뭔가 방법이 생기겠지."

'바쁘다'는 것은 통제력을
잃고 시간에 끌려다니는
사람의 자기변명이다.
우리는 '바쁘다' 대신
'시간을 내고 싶지 않다'거나
'나의 우선순위가 거기에
없다'라고 말을 해야 한다.

더 큰 함정은, 그런 사람일수록 스스로 통제 가능한 시간의 여유가 생기면 작은 돈이 생겼을 때와 마찬가지로 '어떻게 소비할까?'를 고민한다는 것이다. 심지어는 '어떻게 시간을 죽일까?'라고 묻기도 한다. 부자가 되고 싶다면 가능한 그런 사람들과 멀리 지내는 편이 좋을 것이다.

'바쁘다'는 것은 통제력을 잃고 시간에 끌려다니는 사람의 자기변명이다. 우리는 '바쁘다' 대신 '시간을 내고 싶지 않다'거나 '나의 우선순위가 거기에 없다'라고 말을 해야 한다.

"투자할 만한 시간이 충분하지 않다는 말은 패배자들이 하는 말!"
"부자 마인드를 가져야 해. 오나시스처럼!"
"시간은 만들어 투자하는 거야!"

이렇게 마음을 바꾸자.

미국의 초우량 기업 GE(General Electric)의 초석을 마련한 발명왕 에디슨(Edison)이 했다는 유명한 말이 있다.

"위대한 발명은 1%의 천재성과 99%의 땀으로 이루어진다."

그렇다. 땀은 노력이고, 곧 내가 투자한 시간이다.

자산과 투자의
속성

> 성공은 커다란 행동의 결과물이 아니다. 오히려 작은 행동과 작은 성취가
> 꾸준히 이어졌을 때 큰 성공으로 연결된다. 부자가 되는 것도 마찬가지다.
> 작은 목표를 세우고 성취해내는 습관을 갖는 것이 중요하다.

어떻게 투자할 것인가?

부자가 되고 싶다면 호주머니를 두둑하게 해주는 자산에 돈과 시
간을 투자하고, 나아가 돈과 시간이 올바른 방향으로 일을 하게 해야
한다는 것을 알았다. 이제 '어떻게 투자할 것인가?'라는 조금 더 구
체적인 질문을 할 차례다. 이에 대한 대답은 자산과 투자의 속성을

조금 더 깊이 이해함으로써 가능하다.

어떻게 관리할 것인가?

어릴 적 살던 집의 마당 텃밭에는 토마토, 딸기, 옥수수 등이 자라고 다양한 유실수들도 심겨 있었다. 어른들이 때맞춰 퇴비를 주고 가지치기를 해주는 동안 어린 나는 수시로 물을 주고 주변의 잡초를 뽑았다. 잡초들이 어찌나 쑥쑥 잘 자라는지, 조금만 방심하면 보기에도 안 좋고 수확에도 지장을 주어 잡초 뽑기만큼은 부지런히 했다.

자산은 유실수와 같다. 반면에 부채는 잡초와 같다. 자산이 꾸준히 호주머니에 돈을 넣어주게 하려면 잘 관리되고 유지되어야 한다. 조금만 관리를 소홀히 하면 금세 부채로 변한다.

예를 들어 아파트로 임대수익을 얻고자 한다면 외관을 보기 좋게 유지하고 관리하는 것은 물론 세입자가 사는 데 불편함이 없도록 수시로 내부 시설을 수리하고 보살펴야 한다. 그래야 아파트의 가치를 떨어뜨리지 않고 제 값을 유지하거나 높일 수 있으며 공실(空室)을 피할 수 있다. 주식이나 예술품 등도 언제 사고 팔 것인지, 보관은 어떻게 할 것인지 등의 관리가 필요하다.

돈 관리 역시 매우 중요하다. 돈이 많든 적든 들어오고 나가는 이치와 그 흐름을 잘 알아야 한다. 또 어떤 수입을 만들 것인지, 호주머니에 들어온 돈을 어디에 어떤 형태로 보관할 것인지, 어느 곳에 얼마를 소비하고 투자할 것인지 등도 잘 선택해야 한다. 돈 관리가 잘 되면 수입이 적어도 투자의 여력이 커진다. 반면, 돈 관리를 잘 못하면 호주머니에 들어온 돈도 부채가 되거나 의미 없이 빠져나간다.

시간도 마찬가지다. 어떻게 관리하느냐에 따라 자산으로서의 시간이 소비될 수도 투자의 수단이 될 수도 있다. 아주 적은 오차로 시위를 떠난 화살이 전혀 다른 곳에 꽂히듯 인생의 차이를 만드는 것은 시간을 어떻게 쓰느냐에 달려 있다. 소중한 시간을 소비만 한다면 아무리 아껴 써도 가난에서 벗어날 수 없다. 아무리 부자여도 시간을 소비만 한다면 다시 가난해지는 것은 시간문제다.

돈과 시간은 어떻게 관리하느냐에 따라 우리의 삶과 운명을 바꿔버릴 수도 있다. 관리의 핵심은 '언제 어떤 자산에 투자할 것인가?'이다. 다시 말하면 자신의 진정한 꿈을 살펴 투자의 우선순위를 어디에 둘 것인가를 결정해야 한다. 오늘의 투자가 내일의 모습을 결정짓기 때문이다.

자산을 투자하여 새로운 자산을 만든다

자산을 만들기 위해서는 돈과 시간을 투자해야 한다고 했다. 그런데 돈과 시간은 그 자체가 자산이니 결국 '자산을 구축하려면 자산이 투자되어야 한다'로 요약된다.

자산은 차근차근 쌓여 만들어지기 때문에 결국 시간이 만드는 것이다. 어떤 것은 몇 년, 몇십 년이 걸리기도 한다. 여기에 어느 규모 이상의 돈을 투자해야 할 때도 있다. 예컨대 임대건물을 짓거나 구입하는 데는 시간과 돈이 모두 필요하다.

로열티나 인세수입의 권리를 얻으려는 노력도 마찬가지다. 평생수입이라고 볼 수 있는 우리나라의 공무원연금이나 교직원연금도 최소 20년 이상 연금을 납부하고 탈 없이 근무해야 노후에 받을 수 있다. 급하게 자산을 만들려고 하면 부실하거나 일시적인 자산밖에 만들어지지 않는다.

결국 모든 자산은 투자의 산물이고, 원하는 것을 얻기 위해서는 이미 가지고 있는 소중한 자산을 먼저 투자해야 한다. 이것을 '자산의 변형'이라고 한다.

새로운 것을 손에 넣으려면 손 안에 있는 것을 놓아야 하는 법이다. 다행히 그 어떤 자산도 올바른 방향으로 투자한다면 변형될지언정 가치 없이 사라지지는 않는다.

부채도 자산이 될 수 있다

　자산을 만들고 키우는 과정에서 '자산의 변형'이 일어나는데, 혹 부채를 자산으로 변형할 수는 없을까? 어차피 부채는 줄여야 하는 대상이니 부채를 자산으로 바꿀 수 있다면 일석이조다.

　앞에서 살펴보았듯 아파트를 비롯한 주택은 각종 비용을 지출시키므로 부채다. 그러나 주택을 세 놓아 임대수입을 챙긴다면 자산이 된다. 부채를 자산으로 변형시킬 수 있다는 말이다. 당신의 소유물인 아파트는 당신이 통제력을 갖고 있으니 스스로 결정하면 된다.

　무엇이든 자산 혹은 부채로 고정되지 않는다는 것은 참으로 다행스러운 일이다. 지금의 자산이 내일은 부채로, 지금의 부채가 미래에는 자산이 될 수 있으니 말이다. 특히 자산은 별로 없고 부채가 많아 힘든 이들에게 이 사실은 그 자체로 희망이 된다.

　당신에게도 일어날법한 '부채의 자산으로의 변형'의 예를 몇 가지 들어보자.

● 주택을 소유하고 있다면 월세 임대를 주고 자신은 저비용의 주택으로 거주를 옮긴다. 소비지출은 줄고 자산으로 변형된 주택이 지속적인 임대수입을 호주머니에 넣어줄 것이다.
● 지금은 소호(SOHO; Small Office Home Office) 시대다. 비용(임대

료)이 드는 사무실 대신 집을 활용할 수 있는 사업을 생각해보자. 아파트 1층에 과일 가게를 열거나, 소규모 어린이집 같은 교육 사업을 하는 것이 좋은 예다. 매일의 현명한 소비가 사업이 되는 네트워크마케팅 비즈니스도 그중 하나다.

● 일시적으로 비어 있는 집을 공유주택으로 활용해 수입을 얻는 비즈니스 모델은 이미 전 세계적으로 확장되고 있다.

● 오랫동안 취미로 피아노를 배웠다면 레슨을 시작할 수도 있다. 피아노가 부채가 아닌 자산이 될 것이다.

● 집에 있는 컴퓨터는 인터넷 시대의 필수품이다. 하지만 잦은 게임과 무의미하게 낭비되는 시간 등으로 TV와 함께 나를 점점 가난하게 만드는 부채로 전락할 수 있다. 그러나 정보 수집과 의사소통에 활용하거나, 인터넷쇼핑몰을 열어 현금흐름을 만드는 도구로 쓴다거나, SNS상에서 수익모델을 만들 수 있다면 아

부채	변형	자산
거주용 아파트	→	아파트를 임대한다.
단순 거주용 아파트 1층	→	어린이집으로 운영한다.
취미용 피아노	→	피아노 레슨을 시작한다.
컴퓨터(게임·오락용)	→	정보 수집, 홈쇼핑 운영에 활용한다.
돈과 시간을 낭비하는 나쁜 습관	→	건강한 자산을 키우는 습관

주 훌륭한 자산으로 재탄생할 것이다.

부자가 되고 싶은데 투자할 자산이 없다면 부채를 자산으로 변형할 수 있다는 가능성을 염두에 두고 부채 목록을 꼼꼼히 작성해보자. 비록 형태는 없지만 돈과 시간을 소비하는 나쁜 습관도 버려야 할 부채임을 첨언한다.

레버리지,
잘하면 효자 못하면 재앙

> 어려움이 있으면 얻는 것도 있다. 공기와 물의 저항이 비행기를 날게 하고
> 배를 띄우듯 불운이 있기에 희망을 배우고, 실패가 있기에 성공의 기쁨이 배가된다.
> 아무것도 시도하지 않으면 어떤 것도 얻을 수 없다.

부채로 수익을 올린다?

자산의 속성을 이해하는 것 다음으로 필요한 금융지능은 레버리지
(Leverage)의 활용이다. 학문적으로 레버리지는 '기업이나 개인이 차
입금 등 타인의 자본을 이용해 지렛대 효과처럼 투자에 대한 자기자
본의 이익률을 높이는 것'이라고 정의된다.

예를 들어보자. 자기자본 100에 일정 기간의 이자비용이 5인 차입금(부채) 100을 합해 투자한 결과 같은 기간 동안 20의 추가 이익을 얻을 수 있었다면 수익률은 7.5%[(20-5)÷200]이지만, 자기자본이 100이었으므로 실제 수익률은 15%[(20-5)÷100]가 된다. 부채를 활용해 두 배의 수익을 올린 것이다. 이것을 레버리지 효과라고 한다.

그러나 레버리지가 항상 긍정적인 결과만 가져오는 것은 아니다. 레버리지의 부정적 결과(마이너스 레버리지)는 손실을 몇 배로 키울 수 있다. 그래서 어떤 기업들은 부채의 레버리지 효과를 포기하고 무차입(부채가 없는) 경영을 선언하기도 한다. 금융적 지식이나 경험이 부족한 사람들이 투자를 하려고 할 때 자기자본이나 여웃돈 안에서만 투자를 하라고 권하는 것과 같은 맥락이다.

물론 어떤 경우에는 가지고 있는 현금만으로는 투자가 충분치 못해 차입이 꼭 필요한 경우도 있다. 그렇더라도 투자에 대한 충분한 경험과 금융지식은 반드시 있어야 한다. 통제력이 없거나 위험에 대비하지 않고 차입을 한다면 레버리지 효과를 전혀 기대할 수 없다. 빌린 돈과 무지(無知)가 만나면 심각한 재앙이 된다.

대출을 받아 아파트를 사는 것도 레버리지를 높이려는 선택이지만, 이자비용을 능가하는 집값 상승이 없다면 마이너스 레버리지의 위험에 빠질 수 있다. 주택 가격의 하락으로 인해 생겨나는 소위 깡통주택이 그 예다.

다시 말해, 부채는 레버리지 효과를 확대시켜 단기간에 자산을 급격히 늘려주기도 하지만, 한순간에 자산을 공중분해시킬 수도 있는 위험한 유혹이다. 상황이 좋을 때는 부를 늘리는 '효자' 노릇을 하지만 상황이 원치 않는 방향으로 바뀔 때는 자산을 깎아먹는 '재앙'이 될 수도 있다는 말이다.

'자산은 나를 먹이고, 부채는 나를 먹는다'라는 기요사키의 말은 레버리지가 작동할 때 더욱 실감할 수 있다.

자산 투자 유형별 레버리지

학문적 의미의 레버리지는 '차입금(부채)에 의한 금전적 이익의 확대 효과'라고 했다. 그러나 금융지능적으로는 좀 더 다양하고 광범위하게 응용될 수 있는 개념이다. 그래서 투자할 돈이 없는 사람들도 레버리지를 잘 알면 큰 기회를 만들 수 있다.

일례로 모든 자산 투자에 레버리지를 적용할 수 있다. 동일한 규모의 투자에 대해 더 많은 수입의 현금흐름을 만들 수 있는 자산이 있다면 상대적으로 레버리지가 높은 자산이라 할 수 있다. 레버리지의 크기를 예상할 수 있다면 큰 쪽에 투자를 하고 싶을 것이다. 물론 반대로 위험도 크다. 그것은 자연의 이치다. 따라서 어느 수준의 레버리지를 기대하고 그에 따른 위험을 감당할지 결정해야 한다.

예를 들어 현금 10억 원이 있다고 가정하자. 이 돈으로 어떤 현금흐름을 만들 것인가? 조금씩 꺼내 쓰면서 일정 기간 살 수도 있지만, 투자를 한다면 당연히 수익성이 좋고 레버리지가 큰 자산에 투자하고 싶을 것이다. 이를 여러 가지 경우로 나누어 살펴보자.

● 현금 보관하기 ⇒ 레버리지 0

만약 10억 원을 장롱 속에 묻어두고 연간 2,500만 원(월 200만원 내외)을 생활비로 꺼내 쓴다면 약 40년을 살 수 있다. 잃을 염려는 없지만 가치 하락을 감내해야 한다. 이때 레버리지는 제로(0)다. 혹 안전이 염려되어 현금보관소나 대여금고에 맡기고 보관료를 낸다면 오히려 부채가 될 수도 있다.

● 금융기관에 예치하기 ⇒ 레버리지 약 1~2%

2021년 1월 현재는 초저금리 시대로, 은행의 정기예금 금리가 1%를 밑돌지만 장기적으로는 향후 인플레이션 방어를 위한 어느 정도의 금리 상승을 가정하는 것이 타당해 보인다. 그럴 경우의 예를 들어보자. 믿을 만한 금융기관의 고정이자율 연 2%의 저축상품에 가입

한다면 매년 2,000만 원이 호주머니로 들어온다. 인플레이션에 따른 실질가치의 하락은 있겠지만 원금 자체는 훼손되지 않는다. 이자에 붙는 세금을 고려하면 대략 연 1.6%(월 150만 원 내외)의 레버리지가 있다고 말할 수 있다. 변동이자율이라면 레버리지도 함께 변동된다.

● 임대 가능한 건물 구입하기 ⇒ 레버리지 약 4~5%

예금 대신 10억 원 상당의 임대건물을 구입해 월세 수익을 얻는 경우다. 금리와 경제상황에 따라 달라지겠지만 평균 임대수익율을 6%로 가정하면 연 6,000만 원의 수입이 발생한다. 건물의 유지 및 관리비, 세금 등의 비용을 감안해 매월 400만 원 정도가 호주머니에 들어온다고 보면 약 4~5%의 레버리지 효과를 갖는다. 물론 임대수익율의 하락과 공실(空室)로 인한 손실, 가치 하락 등의 위험이 여전히 있다.

● 성장 가능성이 높은 사업체에 투자하기 ⇒ 높은 레버리지 효과

만약 성장성이 기대되는 사업체에 투자하거나, 자신 명의의 사업체를 만들어 기업의 가치를 높인다면 투자에 대한 배당과 주식 가치 상승으로 10배, 100배의 현금흐름을 형성할 수 있다. 이는 사업체가 갖는 큰 레버리지 효과다.

물론 큰 손실로 투자 원금을 다 까먹거나 파산할 위험성도 있다. 하지만 높은 레버리지를 기대할 수 있기 때문에 사업을 하거나 사업체에 투자하는 것을 부자가 될 수 있는 좋은 수단으로 여기는 것이다.

당신은 어떤 레버리지를 선택하겠는가? 단, 불확실성의 위험을 줄이고 더 큰 레버리지를 얻기 위해서는 금융지능을 키우는 것이 우선돼야 한다.

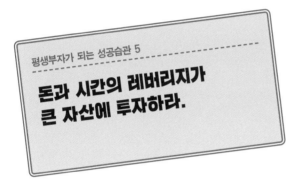

평생부자가 되는 성공습관 5

돈과 시간의 레버리지가
큰 자산에 투자하라.

시간의 레버리지

금전적 레버리지보다 더 중요하고 주목해야 할 레버리지가 있다. 바로 시간이 갖는 레버리지다.

사업체를 예로 들어보자. 재산 혹은 자본을 투자해 제조 설비를 확보하고 사람들을 고용해 상품을 생산하는 과정에서 돈(현금자산)은 설비 자산 구입과 인적 자산 확보로 변형된다. 그리고 생산된 상품자산을 파는 행위(일반적으로 유통이라 한다)를 통해 투자금 이상의 추가 수입을 발생시킨다. 이것은 일반적인 제조업체의 사업 프로세스이다. 이 과정에서 작동한 레버리지는 무엇일까? 언뜻 생각하면 돈의 레버리지가 작동한 것처럼 보이지만, 금융지능적 관점에서 보면 돈을 주고 고용한 사람들의 시간을 레버리지하는 것이다.

구체적인 예로, 어느 기업이 봉급 100만 원에 100명의 직원을 고용해 하루 10시간씩 일하게 한다면 매일 1,000시간(100명의 직원×10시간)을 투자하는 것과 같다. 그 결과 한 달에 2억 원의 수익을 올려 그중 1억 원(100명의 직원×100만 원)을 봉급으로 주고 1억 원을 남겼다면 이것이 바로 시간의 레버리지다. 간단한 원리지만, 이러한 플러스 레버리지 시스템이 반복된다면 사업은 크게 성장한다. 시스템이 있는 자산이 구축된 것이다.

물론 돈과 시간을 바꾸는 직장인에게도 레버리지는 있다. 시간당 단가로 측정되는 레버리지다. 그러나 크기가 작다. 그래서 위험도 적다. 업무로 인한 스트레스가 결코 적다고 할 수는 없지만 발 뻗고 자는 날이 사장보다 더 많다는 뜻이고, 부자가 되기 어렵다는 말이기도 하다.

레버지리가 큰 투자는 혼자가 아닌 여러 사람들의 시간과 힘을 모을 때 가능하다. 그래서 시간의 레버리지를 크게 만들 수 있는 기업의 주주가 되거나 파트너가 되는 것도 레버리지 효과를 보는 한 방법이다. 구성원들이 모두 파트너로 간주되는 올바른 네트워크마케팅 비즈니스도 그중의 하나이다.

어쩌면 부자와 빈자는 당장의 돈이나 현재 갖고 있는 자산의 크기보다 우리 손에 쥐어진 시간이라는 자산이 얼마나 큰 레버리지를 일으킬 수 있는지, 그러한 레버리지를 얼마나 많은 사람들과 함께 만들어나갈 수 있는지에 의해 갈릴 것이다.

거울을 들여다보며 "매일같이 선물처럼 주어지는 하루 24시간을 나는 어디에 어떻게 투자하고 있는 걸까?" 하고 자신에게 물어보자. 이때 '시간이 없다'는 말은 결코 하지 말자. '나는 아무것도 가진 게 없는 가난한 사람이에요'라는 말과 같다.

부자가 되고 싶다면 "바빠서 시간이 없다"는 말 대신, 혹은 시간 없는 가난한 사람들과 어울리는 대신, 시간을 어디에 투자할지를 항상 염두에 두고 선택의 기회를 열어놓고 지내야 한다. 또 마땅히 부자들과 어울리고 부자처럼 생각해야 한다.

강조하건대, 시간은 가장 중요한 자산이며 강력한 파트너로서 나의 삶을, 나의 미래를 결정한다. 부유함도 시간의 단위로 정의된다는 것을 잊지 말자.

돈의 흐름을
잡아라

배고픈 사람에게 생선 한 마리를 주면 하루를 먹여 살릴 수 있지만,
고기 잡는 법을 가르치면 평생을 먹여 살릴 수 있다. 재테크의 기법이나 조언이
한 마리의 생선이라면, 지속적인 자산수입으로 현금흐름을 통제하는 것은
자신에게 고기 잡는 법을 가르치는 것과 같다.

가계경제 사이클과 현금흐름

우리가 자산과 투자 그리고 레버리지를 배우는 것은 주머니에 두
둑한 현금을 지니고 언제든 필요할 때 지출하는, 돈 걱정 없는 평생
부자가 되고 싶어서다. 결과적으로 막힘이 없는 현금흐름을 만들려
는 노력이다. 마치 좋은 피가 온몸을 원활히 돌게 해 건강해지려는

것과 같다.

　반대로 돈의 흐름에 막힘이 있거나 잘못되면 큰 기업도 부도가 나고 쓰러진다. 가정경제도 마찬가지다. 가계의 현금흐름을 이해하고 통제력을 갖는 것이 가정경제를 살리는 데 매우 중요하다. 어쩌다가 큰돈이 생겼는데 오래지 않아 빈털터리가 된 사람들의 이야기를 심심치 않게 듣는데, 돈의 흐름을 이해하지 못하고 통제하지 못했기 때문이다.

　우리에게 필요한 것은 소비와 투자, 자산과 부채, 레버리지, 수입과 지출로 이뤄지는 돈의 흐름을 이해하고 호주머니가 늘 넉넉하도

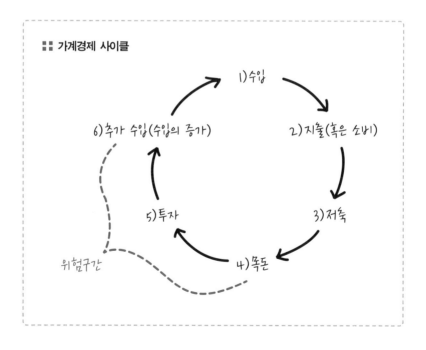

｡｡ 가계경제 사이클

1)수입
2)지출(혹은 소비)
3)저축
4)목돈
5)투자
6)추가 수입(수입의 증가)
위험구간

록 관리하는 지혜와 통제력이다. 돈은 가치를 따라다니며 통제력이 있는 사람에게 머문다.

현금흐름을 통제하는 능력은 가계경제 사이클을 좀 더 구체적으로 살펴봄으로써 키울 수 있다(사이클 내 각각의 요소에 대해서는 61~65쪽에서 설명했다. 여기에서는 그 요소들 중에서 현금흐름 통제력과 관련된 요소만 좀 더 깊이 살펴볼 것이다).

수입의 세 종류

호주머니에 돈이 들어오는 수입의 형태는 매우 다양하지만 기부수입이나 상속에 의한 수입을 제외하고는 크게 세 종류로 나뉜다. 노동수입과 자산수입, 그리고 자본이득이다.

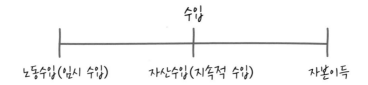

● 노동수입

노동수입은 말 그대로 직장이나 일터에서 열심히 일한 대가이며 보상이다. 보통 시간당 단가로 표시되며, 노동을 하지 않으면 수입이 멈춘다. 즉 직장인이 출근할 수 없게 되거나 자영업자가 가게나 사무실 문을 열지 못하면 수입은 없다. 개업을 한 의사·변호사 같은 전문직이나, 개인의 능력에 의존도가 높은 중소기업도 마찬가지다.

그래서 노동수입을 '임시 수입'이라고도 한다. 내가 일을 하는 동안에만 수입이 있고, 어떤 이유로 일을 하지 못하는 상황이 되면 수입이 멈추거나 줄어들기 때문이다.

● 자산수입

자산수입은 자산을 구축하고 소유함으로써 생기는 지속적 수입이다. 건물에서 매월 임대료가 나오는 것이 대표적인 예이다. 자산수입을 만들거나 늘리려면 먼저 자산에 초점을 맞춰 투자가 선행되어야 한다.

그러나 대부분의 사람들은 당장 생계에 쫓기거나 현재의 삶의 질을 유지하기에 급급해 노동수입에 전적으로 매달린다. 다른 생각을 할 여유가 없고 기회가 와도 위험을 먼저 떠올린다. 그러니 '부유한 날들의 수'는 '노동을 할 수 있는 날들' 혹은 '노동을 멈췄을 때 주머니에 남은 돈으로 버틸 수 있는 날들'로 제한될 수밖에 없는 것이다.

147

● 자본이득

주식이나 부동산 등의 상거래를 통해 차액이 발생하면 사람들은 '돈을 벌었다'라고 표현한다. 금융 용어로는 이를 '자본이득'이라 한다. 거래 등을 통해 일시적으로 현금이 유입되는 경우를 말하는데 대부분 단기간의 레버리지를 노린 결과다. 주식 거래로, 또는 도박이나 로또 당첨으로 버는 돈도 이에 속한다.

한번 자본이득이 발생하면 사람들은 그 돈을 다시 투자해 돈을 더 불릴 궁리를 하게 된다. 이렇게 거래를 되풀이하는 것이 돈을 버는 유일한 방법이라고 생각하기 때문이다. 그러나 투자나 거래에서 항상 성공할 수는 없는 법! 100% 자신이 통제할 수 있는 투자나 거래는 없기 때문에 성공이 있다면 실패도 있을 것이고, 한 번의 실패가 여러 차례의 성공을 상쇄해버릴 수도 있다. 따라서 어느 정도의 확실한 통제력으로 얻은 것이 아니라면 한 번의 자본이득은 우연이나 요행으로 보는 것이 맞다. 따라서 또 다른 행운을 기대하기보다 지속적인 수입을 발생시키는 자산에 투자하는 법을 배워야 한다.

3일 부자, 3개월 부자, 3년 부자

미국의 건축가이자 작가이며 디자이너 · 발명가 · 시인 등 다방면으로 활동했던 버크민스터 풀러 박사는 일을 멈추었을 때 금전적으로 얼마나 생존할 수 있는지가 부의 척도라고 정의했다. 만약 노동을 멈추고도 주머니에 남아 있는 돈으로 삶을 위한 지출을 평생 감당할 수 있다면 당신은 이미 부자다. 한마디로 평생부자다.

그런데 남은 돈으로 3일밖에 살 수 없다면, 직장인이 일자리를 잃고 3개월만 버틸 수 있다면, 저축한 돈으로 혹은 부동산을 처분해 3년 동안은 일하지 않고 살 수 있다면 어떨까? 부유함은 시간의 단위로 측정된다고 했으니 3일 부자, 3개월 부자 혹은 3년 부자라고 할 수 있을 것이다.

나는 직장인으로서 항상 미래에 대한 불안감이 있었다. 그 불안감의 실체는 '머지않아 직장을 통해 얻는 수입은 멈출 것인데 나는 아직 그 이후를 준비하지 못하고 있다'는 현실이었다. 그 불안감을 떨치기 위해 나는 직장생활에 충실하면서 동시에 자산과 투자에 대해 공부하며 틈틈이 꾸준한 수입의 기회를 찾는 데 시간을 투자했다.

물론 노동수입에 의존하면서도 불안해 한다거나 미래에 대해 걱정 없이 현재의 삶에 만족하며 사는 사람들도 있다. 하지만 내 시각에서 그런 사람들은 더 나은 현재를 살고 싶은 꿈이나 미래에 대한 희망, 남아 있는 삶에 대한 준비가 없는 것처럼 보여 안타깝다. 제발 그들이 이미 미래에 대한 준비를 충분히 해두고 현재를 누리는 것이라면 좋겠다.

놀랍도록 빠르게 변화하는 세상에서 내일은 분명 오늘과 같을 수 없다. 게다가 경쟁은 점점 더 치열해지고 있다. 이러한 경쟁사회에서 더 이상 일을 못하게 되는 상황이 닥치면 어떻게 할 것인가? 환경과 의학의 발달로 평균수명은 자꾸 길어져 이미 '고령사회(65세 이상 인구 14% 이상)'로 진입해 있는 우리 사회에서 미래와 노후에 대한 준비를 하지 않는 것은 대책 없이 앉아서 재앙을 맞는 것과 다르지 않다.

곧 다가올 100세 시대를 취재한 어느 신문기사의 제목이 기억난다. '100세 시대, 축복인가? 재앙인가?'

● 노동수입과 자산수입의 현금흐름

노동수입에만 의존해서는 부자가 되기 어려운 걸 알면서도 대부분의 사람들이 노동수입에만 매달리는 이유는 무엇일까?

첫째 이유는 학교에서 직장인, 즉 노동수입자가 되도록 가르치기 때문이다. 산업자본주의 사회에서의 교육 시스템은 노동자를 양성하는 시스템이라고 여러 학자들이 말하고 있다. 또 일단 노동수입이 생기면 일정한 현금흐름이 생기고 그 흐름을 멈추거나 흐트러뜨리면 삶이 고단해지기에 사람들은 충실하게 노동의 의무를 수행하는 것이다.

또 다른 이유는, 노동을 할 수 있는 동안에는 그에 대한 보상과 수입이 즉각적으로 주어지기 때문이다. 자영업도 마찬가지다. 일단 투자를 해 가게나 사무실을 열면 비교적 단기간에 수입을 만들고 싶어 한다. 그래서 대부분의 경우, 가능한 고용을 적게 하고 대신 사업체의 주인이 자신의 노동력을 사용함으로써 즉각적인 노동수입을 확보한다.

반면에 자산수입은 투자가 선행되어야 비로소 만들어지는 수입으로, 만족 지연이라는 투자의 특성 때문에 수입이 즉각적으로 발생하지 않는다. 열매가 열릴 때까지 기다려야 한다. 성공한다면 크든 작든 멈춤이 없는 자산수입을 기대할 수 있지만, 그렇다고 해서 투자에 대한 충분한 보상이 있을 거라고 100% 확신할 수도 없다. 그래서 노동수입에 익숙해진 사람들에게 만족 지연을 전제로 돈과 시간을 투자하는 것은 어렵고도 두려운 일이다.

그래서 많은 사람들이 즉각적인 수입이 보장되는 노동을 선택하고 그 기회를 잃으면 절망하는 것이다. 멈춤이 생기면 재빨리 다른 노동의 기회를 얻기 위해 필사적으로 움직이며, 어쩔 수 없는 상황에 몰릴 때까지는 직장에 오래 남아 있는 것이 가장 좋은 선택이라고 생각한다.

어떤 사람들은 노동수입의 일부를 저축해 소위 재테크를 한다. 종잣돈을 만들어 추가 수입을 위한 투자를 생각한다. 그러나 대부분은 지속적인 현금흐름이 아닌 일시적인 자본이득에 초점을 맞춘다. 예를 들어 신규 아파트 분양 프리미엄이나 주식 거래를 통한 차액 등에 관심을 갖는다. 그러면서 소위 요행과 대박을 노린다. 때로는 자신이 투자하는 것이 부채일 수 있다는 인식도 하지 못한 채 말이다.

진정으로 부유한 삶은 지속성을 가진다고 여러 차례 얘기했다. 상속 등을 통해 태어날 때부터 자산수입을 보유하는 혜택을 누리지 못

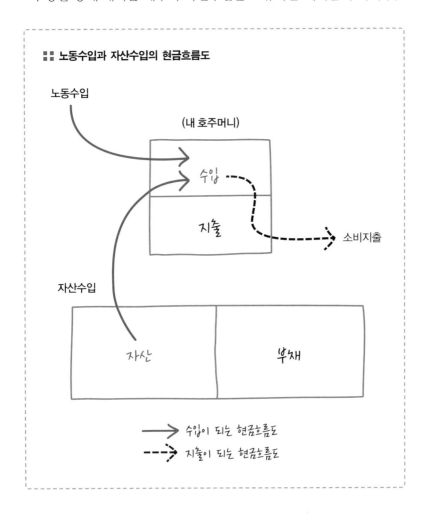

■: **노동수입과 자산수입의 현금흐름도**

노동수입

(내 호주머니)

수입

지출

소비지출

자산수입

자산

부채

⟶ 수입이 되는 현금흐름도

⤍ 지출이 되는 현금흐름도

했다면 지금부터 지속적 수입을 주는 자산 구축에 온 힘을 기울여야 할 것이다.

자산의 변별력과 더불어 많은 시간과 꾸준한 노력이 필요하겠지만 아무리 높은 산도 정상에 오르는 사람은 늘 있는 법이다.

지출은 멈춤이 없다

수입과 마찬가지로 예외적인 기부지출과 상속지출 등을 제외하면 호주머니에서 돈이 나가는 지출(혹은 비용)은 소비지출, 금융지출, 투자지출의 세 가지 형태로 나뉜다.

● 금융지출

제세금과 금융비용이다.

제세금, 즉 여러 가지 세금은 '세금은 무덤까지 따라온다'는 표현이 있을 정도로 우선권이 있는, 우리 힘으로는 피할 수 없는 지출이다.

특히 직장인은 소득이 투명하게 노출되어 세금에 가장 취약하다. 유리지갑이라는 표현이 그것이다. 추가적인 절세의 가능성이 별로 없다는 말이다. 봉급이 내 손에 들어오기 전에 국가가 먼저 세금을 가져가므로 봉급의 주인이 누구인지 헷갈릴 정도다. 생계를 위한 거의 모든 소비에도 세금(부가세 등)을 낸다. 봉급이 오를 때 누진비율로 세금과 공제가 늘어나는 것을 보고 "세금만 없으면 직장인도 금세 부자가 될 수 있을 텐데" 하며 허탈하게 웃었던 기억이 난다.

부동산 등을 소유하고 있다면 추가로 세금을 낸다. 집을 비롯한 부동산은 대부분의 경우 비용을 유발하는 부채라고 했지만 그렇게 생각하는 이는 별로 없다. 심지어는 소비를 아껴 저축을 해도 이자 수입에 세금이 붙는다. 그래서 부자들은 자산에 투자하거나 사업체를 운영할 때 세금을 크고 중요한 지출항목으로 책정하고 의사결정을 한다. 어떤 이들은 세금 회피를 이유로 국가나 도시를 옮겨 다니기도 한다.

국가(정부)-기업-가계는 경제활동의 3대 주체인데, 가계에서 거둬들이는 세금이 국가 재정의 큰 부분을 차지한다. 가계의 세금 부담이 상대적으로 클 수밖에 없는 이유는 가계에 소득을 제공하는 것은 기업이기에 국가정책은 규모와 관계없이 기업과 기업의 투자에 세금 혜택을 주어야 하기 때문이다. 소규모 자영업도 마찬가지다. 그래서 직장인과는 달리 비용을 인정해 먼저 공제한 후에 세금을 매기고 세

율을 조정하기도 한다.

금융비용은 돈을 빌렸을 때 그에 따른 수수료와 이자비용 등을 말한다. 대출 외에도 요즈음은 신용카드와 금융권의 현금서비스·할부 등이 활성화되어 거의 모든 사람들이 수수료와 이자비용을 삶의 일부로 받아들이며 산다.

큰돈이 드는 아파트를 사거나 자동차 등 고가의 내구재를 살 때도 대출을 받거나 할부 형태의 빚을 얻어 당장의 현금 지불 능력을 넘어서는 구입을 하는 경우가 흔하다. 이때 대출 혹은 할부 형태로 빌려주는 입장(금융기관)에서는 꾸준한 현금흐름을 만들어주는 자산이 된다. 이것이 대출상품과 금융할부상품의 유혹이 점점 늘어나는 이유다.

● 소비지출

매일의 생계 유지를 위한 지출이다. 소비를 통해 개인의 삶이 유지될 뿐만 아니라 기업이 돌아가고 국가경제가 움직인다. 그래서 수입이 줄어 소비가 위축되면 사회적으로도 심각한 문제들이 많이 발생한다.

생계를 유지한다는 의미는 당장의 수입으로 삶의 질을 높이거나 유지하는 데 꼭 필요한 소비지출을 감당하고 있다는 뜻이다. 소비의 질이 곧 삶의 질이 된다. 그래서 우리는 수입을 조금이라도 늘리려고 늘 애쓰는 것이다.

2020년 우리나라 가계부채가 1,600조 원을 넘어서고 있다. 우리나라 1년 GDP(Gross Domestic Product, 국내 총생산)의 크기에 조금 못 미치는 수준이다. 온 국민이 1년을 열심히 버는 만큼의 빚이 있다는 의미이며, 아주 많은 사람들은 이미 가계지출이 수입의 범위를 넘어가는 재정적 적자 상태에 처해 있다는 뜻이다. 거기에다 세금과 금융비용으로 대변되는 금융지출은 생계를 의미하는 소비지출보다 항상 우선하므로 우리의 삶을 더욱 위축시킨다.

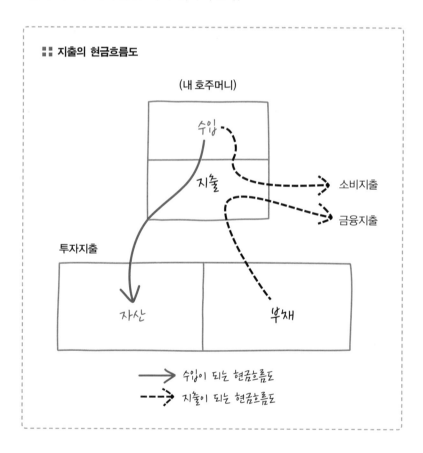

지출의 현금흐름도

● 투자지출

단어의 의미 그대로 투자를 위해 주머니에서 돈을 꺼내는 것이다. 비상시를 위해 저축을 하거나 투자를 위한 목돈을 만들어 미래에 추가 수입을 얻고자 하는 지출이다. 결과적으로 자산을 만들기 위한 투자라고 할 수 있다.

비록 예상되는 인플레이션과 낮은 이자율로 인해 요즘엔 저축이 그리 현명한 선택이 아니라고들 말하지만 여전히 저축은 누구나 쉽게 할 수 있는 일차적인 투자이며 확실한 자산이다.

사실 가계경제 사이클에서 우리의 의지를 작동시켜 가장 확실한 통제력을 발휘할 수 있는 것은 지출뿐이다. 필요한 금융지능으로 무장하고 수입의 규모와 상관없이 그 범위 내에서 다양한 지출을 통제할 수 있는지가 현실에서 가장 중요하다. 그 결과 저축을 늘리고 투자의 여력을 만들어 돈 걱정에서 벗어날 수도 있다.

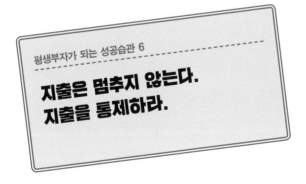

평생부자가 되는 성공습관 6

지출은 멈추지 않는다.
지출을 통제하라.

자신에게 먼저 투자하라

생계와 관련된 소비지출이 금융지출보다 우선순위가 뒤처진다고 지적했지만 투자지출의 우선순위는 보통 그보다 더 떨어진다.

누구든 수입이 생기면 청구서나 신용카드 대금을 먼저 갚은 다음에 생계를 위한 소비를 한다. 저축은 미래에 더 나은 삶을 위한 필수 요소임에도 호주머니에 돈이 남아 있을 때나 저축을 생각하게 된다. 물론 예외적으로 하루가 다르게 오르는 아파트값 때문에 주택청약예금 등이 우선일 때도 있지만 거의 모든 사람들에게 투자지출은 늘 우선순위에서 처진다.

하지만 자산에 투자하고 추가 수입을 만들어 부자가 되고 싶다면 소비보다 투자를 우선시하는 습관을 가져야 한다. 비록 적은 돈이라도 저축을 하고 투자지출의 우선순위를 높여야 한다. 물론 꿈과 목표를 향해 방향성이 있는 자기계발을 할 필요도 있다. 즉 자신에게 먼저 투자하라는 말이다.

자신에게 먼저 투자하는 태도는 꿈이 있는 사람만이 선택할 수 있다. 현실을 바꾸고 싶은 꿈이 있다면 투자를 위한 저축, 자기계발을 위한 지출, 부자가 되기 위한 배움의 비용 등에 우선순위를 두어야 한다. 스티븐 코비(Steven Covey)의 《성공하는 사람들의 7가지 습관》에서 '성공하려면 시급하지 않아도 소중한 것에 투자하라'는 조언

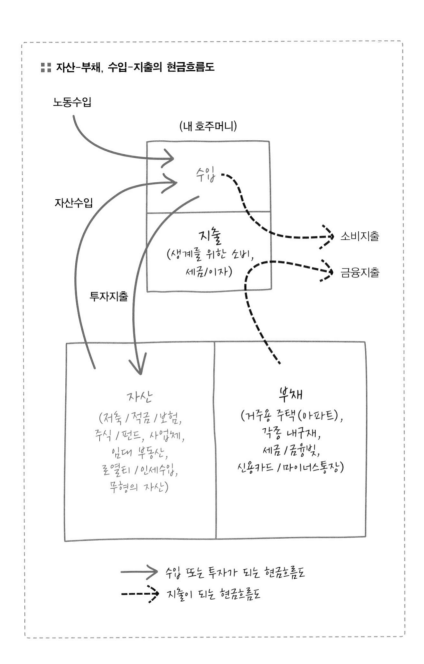

자산-부채, 수입-지출의 현금흐름도

노동수입

(내 호주머니)

수입

자산수입

지출
(생계를 위한 소비,
세금/이자)

소비지출

금융지출

투자지출

자산
(저축/적금/보험,
주식/펀드, 사업체,
임대 부동산,
로열티/인세수입,
무형의 자산)

부채
(거주용 주택(아파트),
각종 내구재,
세금/금융빚,
신용카드/마이너스통장)

→ 수입 또는 투자가 되는 현금흐름도
---➤ 지출이 되는 현금흐름도

도 같은 메시지로 해석된다. 꿈을 갖고 멀리 보는 투자를 하라는 뜻
이다. 그래야 '수입→지출'의 사이클에서 벗어나 부자의 꿈을 꿀 수
있다.

초등학교 시절, 명절에 용돈을 받으면 일부를 돼지저금통에 먼저
넣도록 가르치신 선생님과 부모님이 생각난다. 지금도 우리가 실천
해야 할 매우 중요한 부자의 습관이다.

덧붙일 것은, 투자지출을 계획할 때는 자산과 부채의 개념을 명확
히 하고 목표와 방향을 구체적으로 설정하고 지속적으로 진행해야
한다. 자칫 내구재 등 부채의 구입이나 적절치 못한 감정적 소비로
종종 이어지기 때문이다.

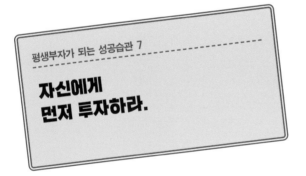

평생부자가 되는 성공습관 7

자신에게 먼저 투자하라.

현금흐름을 통제해야 돈 걱정 없이 살 수 있다

자산수입은 호주머니에 지속적으로 돈을 넣어준다. 일하는 동안에는 노동수입도 호주머니에 돈을 넣어준다. 한편으로, 다른 쪽 호주머니에서 돈이 빠져나간다. 숨만 쉬고 있어도 지출은 발생한다. 가장 먼저 금융지출과 생계 유지를 위한 소비지출로 거의 대부분의 돈이 빠져나간다. 그리고 남는 돈으로 투자지출을 한다.

이러한 수입과 지출의 현금흐름 속에서 늘 호주머니에 돈이 남아 있다는 것은 수입이 지출보다 많거나 같은 상태가 지속된다는 것이다. 지출이 필요할 때 언제든 돈을 꺼낼 수 있다는 뜻이고 당신이 부자라는 말이다.

노약자, 어린이, 장애우 등 어려운 이들을 돕는 봉사나 자선사업을 하는 경우에도 꾸준한 현금흐름이 약속된 후원을 받을 수 없다면 이 또한 멈출 수밖에 없다. 아무리 선하고 가치 있는 일이라 해도 말이다.

반면에 현금흐름이 잘 통제되어 막힘이 없다면 바로 우리가 꿈꾸는 '돈 걱정 없는 부자'가 된다. 그리고 돈의 흐름이 원활하면 우리 삶은 건강해진다.

자산수입이 우리를 건강하게 한다

수입과 지출의 흐름, 즉 현금흐름이 가계경제 사이클의 핵심이다. 멈춤이 없는 지출에 언젠가 삶의 어려움을 겪지 않도록 자산수입에 초점을 맞추고 지속적 수입을 가져다주는 자산에 투자해야 한다.

그런데 만약 한 가정의 가장이 일을 그만두게 되어 일시적으로라도 수입이 멈춘다면 어떻게 될까? 맞벌이부부가 육아 등의 이유로 갑자기 외벌이가 되면 현금흐름은 어떻게 될까?

자산수입을 추가 수입으로 준비하지 못했다면 경제적으로 고생할 것은 불을 보듯 뻔한 일이다. 자산수입은 파이프라인 우화(82~85쪽)에서 보았듯 일을 하지 않을 때도 현금흐름을 만들어주는 꾸준한 인세적(책이나 음원의 저작권료 같은) 성격을 갖는 수입이다. 일시적으로 주머니에 돈을 넣어주는 자본이득을 추구하기보다 자산에의 투자로 전환해야 하는 이유도 여기에 있다.

실제로 많은 사람들이 자산의 개념을 모르더라도 노동수입이 멈출 때를 대비해 투자에 필요한 돈을 모으거나 저축·연금·보험 등을 통해 준비를 한다. 하지만 규모의 한계와 인플레이션에 따른 돈의 실질가치 하락으로 얼마나 삶의 질이 지켜질지 알 수 없는 노릇이다.

-̣Ǫ̇- **Rich's Keypoint**

수입과 지출의 흐름,
즉 현금흐름이 가계경제
사이클의 핵심이다.

162

그렇다 보니 나름대로의 준비에도 불구하고 더 이상 일을 할 수 없는 상태가 되면 정부나 사회단체에 기대어 살게 되는 것이 현실이다. 이것이 지금 우리가 자산과 투자를 배우고 지속적인 현금흐름을 만들기 위해 기회를 찾아 움직이고, 가능한 자산 구축에 더 많은 노력을 기울여야 하는 까닭이다.

다시 한 번 기요사키와 버크민스터 풀러가 내린 부자의 정의를 되새기자.

- 부유함이란 우리가 물리적으로 일하지 않으면서도 삶의 질을 유지하면서 생활할 수 있는 날들(days)의 수(number)이다.
- '내가 만약 오늘 당장 일을 그만둔다면, 나는 며칠을 더 살 수 있을까?'가 부의 척도다.

'평생부자'가
실현되는
기회와 선택

사람은 쉽게 변하지 않는다는 말이 있다.
일부러 성향을 바꾸려고 노력해도 잘 되지 않는다.
정말 변화하고 싶다면 시간을 달리 쓰거나,
사는 곳을 바꾸거나, 새로운 사람을 사귀어야 한다.
꿈을 꾸거나 새로운 결심을 하는 것만으로는 결코 변화를 이룰 수 없다!

당신도
부자가 될 수 있다

성취와 성공, 기회를 만나는 것은 종종 넓은 길보다는 좁은 길,
편한 것보다는 불편한 것, 쉬운 것보다는 어려운 것을 선택했을 때 주어지는 보상이다.
운명을 바꾸는 좋은 습관 또한 불편함을 이기는 과정에서 만들어진다.

실행 지침 1: 자산과 부채를 점검한다

내가 가진 것을 자산에 투자해 꾸준한 현금흐름을 만들고 지출을
통제하면 돈 걱정 없는 부자의 삶을 살 수 있다. 이제는 실천이다.

가장 먼저 할 일은 새로운 정의에 따라 현재 나의 자산과 부채를 점
검하는 것인데, 몸이 아플 때 증상을 진단하고 난 뒤 적절한 처방을

하는 것과 같은 이치이다.

20년 전의 나의 자산과 부채 상황은 이러했다.

자산	부채
- 약간의 저축과 적금	- 아파트 구입 담보대출금 - 승용차 할부금 - 다음 달 갚아야 할 카드 대금 - 아파트 - 승용차, 피아노 등

앞에서 언급한 것처럼 우리 가족이 자산이라고 믿었던 아파트는 대출(은행 대출)을 낀 부채였고, 승용차와 피아노도 부채였다. 유일한 자산은 아주 적은 이자수입을 주는 약간의 저축이 전부였다. 그것도 대출금의 일부라도 갚기 위해 하는 저축이니 금액은 턱없이 적어 여윳돈이라고 할 수도 없었다.

금융지능적 의미로 자산과 부채를 구분하는 것은 어렵지 않은 작업이지만, 내게는 자산이라고 할 수 있는 것은 없고 부채만 가득한 현실을 맞닥뜨리는 고통스러운 시간이었다. 그리고 내 삶의 중심에는 여전히 투자보다 소비가 크게 자리 잡고 있음도 깨닫게 되었다. 한 번도 낭비하고 있다고는 생각하지 않았지만 호주머니가 늘 비어 있는 느낌의 실체를 알게 된 기분이었다.

우리 가족은 나의 노동수입으로 온갖 부채를 감당하며 살고 있었다. 한 달 간격으로 주머니에 들어온 돈은 금융지출과 소비지출로 전부 나가는 현금흐름을 가지고 있었으니 금전적으로 고생할 수밖에 없는 구조였다. 나는 스스로에게 다음과 같은 처방을 내렸다.

- 통제 가능한 비용을 파악해 지출을 줄이고 부채를 감소시킬 수 있는 계획을 세워 장기적인 투자지출의 여력을 만들어나간다.
- '자신에게 먼저 투자하라'는 명언처럼 기회가 있을 때마다 배움에 투자한다. 올바른 선택을 위한 변별력은 겸손한 자세로 배울 때만 성장한다. 그래서 어떤 기회이든 성공한 사람이 있다면 마음을 열고 시간을 투자해 그 비결을 들여다본다.
- 무엇이든 지속적으로 현금흐름을 발생시키는 자산의 기회를 찾아 세미나와 만남을 적극적으로 활용한다.

나는 시간이 일을 한다는 것을 안다. 조급해하지 않는 꾸준함과 기다림이 필요하다. 위의 처방대로 꾸준히 밀고 나간다면 시간도 파트너가 되어 일할 것이라 확신했다. 또 눈을 크게 뜨고 귀를 열어놓으면 적절한 수단과 기회를 만나는 행운을 갖게 될지도 모른다고 생각했다. 하늘은 스스로 돕는 자를 돕는다고 하지 않는가!

실행 지침 2: 나를 관찰하고 위기의식과 친구가 돼라

그다음 단계로, '왓칭(Watching)'의 원리를 활용해 나 자신이 관찰자가 되어 잠시 나를 바라보았다.

사실 나는 그동안 부자가 되고 싶어서 많은 시도들을 해왔다. 그러나 추가 소득의 방편으로 삼았던 주식 투자도 부동산 투자도 결국 성공적이지 못했다. 잠시 투자 성과를 올릴 때도 있었지만 오히려 자만심만 커졌고, '한 방'을 노리다가 IMF와 금융위기 등 고비 때마다 큰 손실을 보았다. 통제력을 갖지 못한 투자는 요행을 바라는 것과 다를 바 없다는 사실을 배우기 전까지 내가 왜 실패하는지도 몰랐으니 당연한 결과라고 생각한다.

한 예로, 주식 투자를 할 때 나는 어느 정도의 통제력을 갖고 있다고 생각했었다. 무엇을 언제 사고 언제 파는 것이 좋은지 알 수 있다고 믿었었다. 지금 와서 생각해보니 가위바위보 게임에서 내가 늘 이길 수 있다고 믿은 것과 같았다. 상대가 매번 무엇을 낼지 알 수 없는 게임에서 말이다.

나는 그때 건강한 몸으로 성실하게 다닐 수 있는 직장이 있었다. 혹자는 그 사실에 만족하고 더욱 충실해야 했었다고 충고하는데, 나는 그럴 수만은 없었다. 내가 더 이상 직장

🔆 Rich's Keypoint

통제력을 갖지 못한 투자는 요행을 바라는 것과 다를 바 없다.

을 다닐 수 없는 시기가 오면 분명히 우리 가족의 생계가 어려워질 것이 뻔했기 때문이었다.

지금까지는 자산수입이 없어도 지내왔지만 미래에는 나의 자산 목록에 무엇을 써넣을 수 있을지를 고민하지 않을 수 없었다. 게다가 나는 게으른 사람이었다. 해야 하는 일도 미루기 일쑤고, 어렵고 하기 싫은 일은 시급해져야만 비로소 손을 대는 성향이 있었다. 작심삼일(作心三日)은 흔한 일이었다. 부자는 되고 싶은데 시간의 소비 유혹에 자꾸 빠져들었다. 건강이 중요한 줄 알지만 운동도 거의 하지 않았다.

나를 진단하고 처방전을 내리고서도 한동안은 부자가 될 때까지 그 처방을 꾸준히 실천할 수 있을지 불안했다. 그러나 IMF와 금융위기 등의 고비로 인해 큰 손실을 본 경험이 위기의식을 불러일으켰고, 그것이 오히려 기회가 되어 부자가 되고 싶은 꿈을 더 간절히 원하게 되었다.

북해에서 청어잡이를 하는 어부들은 잡은 청어를 싱싱한 상태로 런던까지 운반하기 위해 물탱크 속에 청어의 천적인 바다메기를 함께 풀어놓는다. 그 이유는 청어들이 운반 중의 무료함에 죽어나가는 것을 방지하기 위함이라고 한다. 비록 바다메기에 의해 청어의 일부가 희생되기는 하지만, 나머지 청어들이 바다메기로부터 자신의 목숨을 구하기 위해 지속적으로 헤엄치고 도망다니기 때문에 오히려 영국에 도착할 때까지 건강하게 살아 있다는 것이다. 이 이야기는 어느 정도의 위기의식과 스트레스는 물탱크 속의 청어처럼 우리를 더 강하게 만든다는 교훈을 준다.

삼성전자(주)를 세계적인 기업으로 키워낸 이건희 회장도 늘 위기의식을 강조한다. 상황이 좋을 때도 긴박감을 잃지 않는 리더가 있었기에 오늘의 삼성전자를 만들지 않았나 싶다. 우리는 위기의식을 새롭게 받아들여야 한다. 100세 시대가 우리 가족의 미래에 재앙이 아닌 축복이 되려면 말이다.

실행 지침 3: 간절한 꿈이 자산이다

부자의 꿈을 가진 사람들은 많다. 하지만 간절한 사람만이 그 꿈을 이룬다. 간절하지 않으면 행동이 뒤따르지 않기 때문이다.

구체적인 꿈이 있고 그 꿈이 정말 간절한 사람은 꿈을 실현하기 위해 돈과 시간, 그리고 자기가 가진 전부를 투자한다. 별똥별이 떨어지는 순간에 소원을 빌면 이루어진다고 하는데, 그 찰나에 망설임 없이 간절히 빌 수

-ᡭᐧᐧ- Rich's Keypoint

구체적인 꿈이 있고
그 꿈이 간절한 사람은
꿈을 실현하기 위해 돈과
시간, 그리고 자기가 가진
전부를 투자한다.
꿈은 그 자체가 자산이며
투자의 대상임을 잊지 말자.

있는 소원이 있다면 어찌 이루어지지 않겠는가?

그러므로 꿈은 그 자체가 자산이며 투자의 대상임을 잊지 말아야 한다. 주머니에 내가 원하는 돈을 넣어주는 것이 곧 자산이라 했으니, 내가 원하는 삶을 실현시켜주는 '간절한 꿈'은 당연히 가치를 지닌 자산이지 않겠는가.

자산	부채
부자가 되고 싶은, 돈에서 자유로운 삶을 살고 싶은 꿈 → 꿈을 향해 나아가는 배움과 노력을 게을리하지 않는다.	부자의 꿈이 없다 → 삶의 방향성이 없고 그저 시간과 감정을 소비한다.

그렇다. 부자가 되고 싶은 간절한 꿈은 분명한 자산이다. 꼭 부자의 꿈이 아니더라도 무엇이든 간절한 꿈이 있고 목표가 분명하다면 꾸준히 한발 한발 나아가는 과정에서 모든 생각과 행동이 꿈이라는 자산을 성취해내기 위한 투자가 된다. 그러면 변형과 창조의 과정을 통해 그 꿈이 현실이 되어 당신의 호주머니에 성취의 기쁨과 함께 돈을 넣어줄지도 모른다. 돈만 좇아서는 돈을 벌 수 없다.

아마 자존감이 떨어져서겠지만, 마음 깊은 곳에서는 부자들을 부러워하면서도 꿈 없이 부를 경시하고 비난한다면 그 사람은 분명 가난하게 살게 될 것이다. 부자의 꿈을 꾼다고 다 부자가 되는 것이 아닐

진대 "부가 싫다"고 이야기하는 사람을 부(富)가 좋아할 리 없다.

꿈에 대한 간절함 못지않게 중요한 것이 하나 더 있는데, 바로 꿈이 이루어진다는 믿음이다. 비가 올 때까지 기우제를 지내는 인디언처럼 포기하지 않으면 언젠가는 반드시 이루어질 것이라는 믿음은 간절함이 오래 지속되도록 도와주는 버팀목이다.

간절함과 믿음은 당신의 현실과 꿈을 잇는 다리가 될 것이다.

실행 지침 4: 꿈 안내자를 찾아라

어떤 꿈이든 꿈을 향해 가는 길은 아직 가보지 못한 산을 오르는 것과 같다. 그래서 꿈이라 부르는 것이겠지만, 아직 경험하지 못한 많은 어려움과 장애물이 기다리고 있다는 뜻이기도 하다. 도처에 의지를 꺾고 포기를 유혹하는 웅덩이와 절벽이 가로막고, 장애물을 피해 돌아가다 보면 길을 잃기도 한다. 쉬다 보면 다시 발을 떼는 것조차 힘들 때도 있고, 때로는 끝없이 이어진 등성이의 지루함 자체가 큰 도전이 되기도 한다.

한때 정상에 서는 즐거움과 성취의 기쁨에 매료되어 몇몇 지인들과 함께 우리나라의 높고 유명한 산들을 종주하곤 했는데, 정말이지 그 과정이 꿈을 이루는 것과 다르지 않다. 높은 산일수록 더 큰 어려

-⋅̣⋅- **Rich's Keypoint**

주저앉거나 포기하고
싶을 때, 또는 길을 잃고
헤맬 때 누군가가 손을
잡아주거나 방향을
알려주는 사람이 있다면
얼마나 좋을까?

움과 장애물이 우리를 가로막으며 정상에 대한 도전의지와 간절함을 테스트한다. 이때 꿈이 간절하지 않으면 멈추게 된다.

주저앉거나 포기하고 싶을 때, 또는 길을 잃고 헤맬 때 누군가가 손을 잡아주거나 방향을 알려주는 사람이 있다면 얼마나 좋을까? 그래서 크고 작은 꿈을 꾸고 꿈을 향해 앞으로 나아가려면 반드시 안내자가 필요한 것이다. 알피니스트(Alpinist)에게 세르파(Sherpa)가 필요하듯이 말이다. 꿈 안내자는 스승, 리더, 멘토, 때로는 도우미 등으로 불린다.

아직 가보지 못한 길이니 이미 경험한 누군가의 안내가 필요하다고 생각하는 것은 순리다. 무슨 일이든 혼자서도 잘할 수 있다는 생각은 욕심이고 자만이다. 성공은 성공한 사람으로부터 배우는 것이 가장 지혜로운 것임을 기억해야 한다.

당신의 꿈을 이뤄줄 안내자는 누구인가?

실행 지침 5: '부자 되다'와 '성공하다'는 다르다

유명 강사가 진행하는 TV 프로그램을 본 적이 있다. 청중의 대부분이 젊은이들이었는데, 그들을 향해 강사가 이런 이야기를 했다.

"꿈을 좇는 것도 중요하지만 먼저 돈을 벌어라. 돈이 없으면 꿈이 멈춘다. 돈은 꿈의 스폰서다."

나는 박수를 쳤다. 그 강사의 말에 온전히 동의해서라기보다는 많은 젊은이들이 꿈만을 좇을 수 없는 현실을 이해한 듯하고 그럴싸한 말 대신에 솔직하고 직설적인 표현이 마음에 들어서다.

사람들이 성공을 이야기할 때 꿈만 강조한다. 꿈을 이루는 것을 성공이라 부르기 때문이다. 그래서인지 꿈에 관한 책과 연설, 교훈은 사방에 차고도 넘친다. 지혜의 왕 솔로몬도 '꿈이 없는 백성은 멸망한다'고 했다. 한때는 'R=VD(Realization=Vivid Dream, 생생하게 꿈꾸면 생각한 대로 이루어진다)'라는 주제로 쓴 책이 인기를 끌면서 시내버스 광고판을 장식하기도 했다. 또 '당신의 꿈은 무엇입니까?'라는 물음으로 대변되는 성공의 원리가 사람들의 마음에 파문을 일으키기도 했다. 그러나 꿈을 이루는 여정에 들어가려면 현실에서는 먼저 돈을 버는 것이 더 중요하다고 이야기하는 사람은 드물다. 꿈을 꾼다고 돈이 저절로 따라오는 것도 아니고, 꿈을 이룬다고 모두 돈 걱정에서 벗어나는 것도 아닌데 말이다.

그러나 그 강사도 어떻게 돈을 벌 수 있는지는 알려주지 못했다. 자신은 책을 쓰고 유명 강사로 성공해 많은 돈을 벌지만 시청자들에게 구체적인 방법을 알려주지는 못했다. '나를 따라 해라'라고 할 수도 없다. 그럼에도 박수를 보내는 이유는 그의 말이 현실적이기 때문이다.

어느 유명한 작가는 인터넷에서 회자되는 영상에서 '자신이 좋아하는 일을 하라!', '좋아하는 일을 꾸준히 하면 성공할 수 있다'라고 목소리를 높인다. 근사하게 들리지만, 좋아하는 일만을 고집하다가 돈 때문에 고생하는 사람들이 너무나 많은 것이 현실이다. 또 돈 때문에 좋아하는 일을 멈춘 사람들도 주변에서 쉽게 볼 수 있다.

그렇다면 돈과 꿈은 함께 갈 수 없는 것인가? 부자가 되는 것과 성공은 다른 것인가?

대부분의 사람들에게는 그리 심각한 의문이 아닐지 모르지만 부자가 되고 싶은 당신이라면 이 질문에 진지해져야 한다.

실제로 우리 주위에는 성공했다고 하지만 부자가 아닌 사람들을 많이 볼 수 있다. 대기업의 임원이나 사장이 되어 직장인으로서 성공했다는 이야기를 들었던 나와 같은 많은 사람들이 지금은 돈과 시간의 여유를 갖지 못하고 힘들어하는 경우를 많이 본다. TV에 나오는 성공한 연예인이나 운동선수들도 다 부자는 아니다. 자신의 직업에서보다는 알려진 유명세를 이용해 음식점이나 홈쇼핑 등으로 큰돈을 번 이야기가 심심치 않다. 물론 그렇지 못한 이들이 훨씬 많을 것이다.

그런데 성공했다 하고 유명해졌음에도 금전적으로 고생하는 경우가 많은 이유는 왜일까? 어떤 분야에서 성공했다고 돈 걱정 없는 부자가 되는 것은 아니기 때문이다. 한때 갈망하던 꿈은 이루었다고 말할 수는 있겠지만 부자는 아닐 수 있다. 부자가 된다는 것은 수입이 지출보다 많은 현금흐름이 지속적으로 발생하고 그것을 자신이 통제할 수 있음을 뜻하기 때문이다. 아무리 성공하고 돈이 많아도 지출을 통제하지 못하고 현금흐름에 어려움이 있다면 누구든 재정적으로 고생을 하게 된다.

실행 지침 6: 비(非)금전형 자산 목록을 추가한다

'한 우물을 파라'는 가르침이 있다. 한 분야에 집중하고 정진해 최고의 전문가가 되라는 조언이다. 우리에게 '한 우물'은 '자산 만들기'이다. 그러나 한 종류의 자산만을 뜻하지 않는다. 실제로 부자들은 여러 종류의 '자산'을 구축하려고 노력한다. 워렌 버핏은 '삶에서 가장 큰 위험은 소득원이 한 개만 있다는 사실'이라고 조언했다. 자산 목록이 많을수록 위험성이 줄어든다는 말이다.

그러므로 이제부터는 부자의 꿈과 함께 '금전적이지 않은' 것들도 포함해 자산 목록을 확장해보자. 당장은 호주머니에 돈을 넣어주지 않지만 적절한 기회와 수단을 만났을 때 금전적인 자산으로 변형되는 데 꼭 필요한 것들이다.

● 비금전형 자산 1순위 : 시간

누구나 자산 목록에 첫 번째로 추가할 수 있는 것은, 이미 자세히 살펴본 '시간'이다. 조물주가 인간에게 선물처럼 쥐어준 하루 24시간은 최고의 자산이다.

나는 '시간'을 자산 목록 첫 줄에 써넣고 오랫동안 들여다보았다. 자산은 자산을 투자해 만들어진다는데 내가 가진 시간이라는 유일한 자산을 투자해 만들 수 있는 다른 자산은 과연 무엇일까?

자산은 변형된다고 했다. 시간이라는 자산의 첫 변형은 그저 흘러가는 시간(크로노스)에서 의미 있게 투자되는 시간(카이로스)으로의 변형이다. 시간을 잘 알고 통제할 수 있다면 호주머니에 돈을 넣어주는 자산으로의 변형도 충분히 가능하다.

직장인들처럼 시간을 돈과 바꿀 수도 있다. 나를 고용한 사람에게 내 시간의 통제권을 넘기는 것이다. 그 대신 점심시간, 퇴근시간은 물론 휴가를 내는 것도, 누구와 어떤 일을 해야 하는가도 철저하게 통제받게 된다. 소규모의 자영업자나 전문직도 시간과 돈을 바꾸는 것은 마찬가지다. 단지 시간당 단가가 다를 뿐이다. 일견 자유로운 것처럼 보이지만 마음대로 가게 혹은 사무실을 비우거나 아무 때나 문을 열고 닫을 수 없다.

그럼에도 누구에게나 자신이 온전한 통제권을 갖는 자투리 시간은 늘 있는 법이다. 늦은 퇴근 후에, 주말에, 때로는 식사시간을 아껴 투자할 수 있다. 문제는 그 자투리 시간을 무엇에 우선순위를 두고 투자하는가이다.

그렇다. 아주 작은 자투리시간이라도 방향을 정해 꾸준히 투자한다면 자산을 만드는 데 기여할 수 있다. 아침에 조금 더 일찍 일어나 경제신문을 보고, 꼭 필요치 않은 술자리를 줄이고, 습관적으로 손에 쥐는 TV 리모컨과 스마트폰을 스마트하게 관리하면 투자할 수 있는 시간의 양이 늘어난다.

● 비금전형 자산 2순위 : 건강과 체력

건강 역시 우선적으로 쓸 수 있는 중요한 자산 목록이다. 건강을 잃으면 다 잃는다고 했으니 어쩌면 우리 삶에서 가장 중요한 자산이라 할 수 있다. 자산을 만드는 시간 투자는 물론, 노동을 통해 현금이라는 중요한 자산과 교환하는 것도 건강해야 가능하다.

건강은 인생의 많은 다른 가치들과 직접적으로 연결되어 있다. 그래서 건강을 잃으면 내 몸은 내게서 많은 것을 빼앗아가는 가장 큰 부채가 된다. 적지 않은 돈과 시간은 물론, 가족과 주변 사람들의 것까지 빼앗는다. 당신의 생계가 달려 있는 노동수입을 멈추게 할 수도

☀️ **Rich's Keypoint**

건강을 잃으면 내 몸은 많은
것을 빼앗아가는 가장 큰
부채가 된다. 그러니
건강과 다른 자산을 바꾸는
어리석은 일은 결코 하지
말아야 한다.

있다. 따라서 건강과 체력은 가장 중요한 투자 대상으로 여겨야 하며 최선을 다해 관리되어야 한다. 시간이 없다, 돈이 없다, 상황이 안 좋다 등의 핑계로 건강관리를 소홀히 하면 안 된다. 건강은 결코 타협의 대상이 아니다.

그러려면 건강관리에 대한 올바른 지식을 아는 것이 중요하다. 어떤 일이든 그 분야에서 잘 모르는 사람을 관리자로 앉힐 수 없듯이 건강지식을 모르면서 건강관리를 잘 할 수는 없는 노릇 아닌가. 학창 시절에 영어·수학을 열심히 공부하고 부자가 되기 위해 금융지능을 공부하는 것처럼 건강하기 위해 건강관리 지식을 공부해야 한다. 서점에 가면 건강에 관련된 책들이 참으로 다양하게 나와 있다. 건강 관련 전문가들(의사, 약사 등은 질병 전문가이지 건강 전문가가 아니라고도 하지만)이 쓴 책은 물론, 비전문가들이 자신의 치유 경험을 바탕으로 쓴 건강 비법서도 많이 있다. 실제로 건강을 지키기 위해, 질병 치유를 위해 관련 지식을 공부하는 사람들이 점차 증가하고 있다. 하지만 대부분의 사람들은 입으로는 건강의 중요성을 이야기하면서도 그저 귀동냥으로 얻은 정보에 자신의 건강을 맡기고 있다. 참으로 무책임한 행위가 아닐 수 없다. 그런 사람들은 자기 몸에게 매일 미안해해야 한다.

아는 것이 힘이라 했다. 건강관리 역시 대충 어딘가에서 들은 정보가 아닌 정확한 지식을 기반으로 실천할 때 건강을 제대로 지키고 관리할 수 있다.

건강이라는 자산을 키우고 지키기 위해서는 UN 산하 세계보건기구(WHO)가 권장하는 건강의 4요소 정도는 늘 기억하고 실천해야 한다.

- **균형 잡힌 영양** : 규칙적인 식사와 영양소의 고른 섭취
- **규칙적인 운동** : 체력 강화를 위한 적절한 유산소 · 무산소운동
- **긍정적 사고와 스트레스 관리** : 긍정적 마인드로 육체적 · 심리적 안정 유지
- **충분한 휴식** : 원활한 신체기능을 유지하기 위한 규칙적인 수면과 적절한 휴식

건강을 잃으면 애써 쌓아온 당신의 모든 자산이 한꺼번에 무너질 수 있음을 유념해야 한다. 그러니 건강과 다른 자산을 바꾸는 어리석은 일은 결코 하지 말자.

● **비금전형 자산 3순위 : 신뢰로 엮인 인간관계**

인간관계는 사회적 동물인 우리에게 있어 매우 중요한 자산의 하나다. 자산으로서 인간관계의 핵심은 신뢰다. 실제로 신뢰는 그 자체

-☼- Rich's Keypoint

어떤 일이든 가치 있는 일을
함께 하고 싶거나, 필요할
때 도움을 청할 수 있는
사람이 많다면 당신은 좋은
자산을 갖고 있는 것이다.

로 중요한 자산이다. 신뢰는 말과 행동이 일치하는 성실성과 일관성, 다른 사람들에 대한 배려, 믿고 의지할 만한 실력, 서로를 잘 아는 친근감 등을 그 요소로 한다. 이 요소들은 바람직한 인간관계를 구성한다. 그러므로 누군가와 마주치는 매순간 신뢰를 쌓는 데 초점을 맞춰야 한다. 또 쌓기는 어려워도 깨지기는 쉬우니 기왕에 쌓인 신뢰를 잃지 않는 것도 매우 중요하다.

어떤 일이든 가치 있는 일을 함께 하고 싶거나, 필요할 때 도움을 청할 수 있는 사람이 많다면 당신은 좋은 자산을 갖고 있는 것이다. 하지만 '누구누구랑 잘 안다, 친척이다, 직장동료다, 동창이다'라고 해서 자산으로 간주되는 것은 아니다. 독일군에 붙잡혀 아우슈비츠에 수용되었다가 살아남은 한 여성은 도망 다닐 때 '누가 나를 숨겨 줄 수 있나?'가 인간관계의 척도였다고 고백한다. 그 정도는 아니더라도 아는 사람이 많다거나, 어떤 유명인과 친하다는 것만으로는 결코 자산이라고 할 수 없다.

건전치 못한 인간관계, 실효성 없는 인맥은 오히려 부채가 될 수 있다. 예를 들어 자주 술을 마시자거나 함께 놀자고 자꾸 유혹하는 친구가 있다면 당신의 시간과 건강을 빼앗고 여러 지출을 유발시키니 당신이 피해야 할 부채일 가능성이 높다.

그런데 '폭넓은 인간관계를 만들어가고 신뢰를 구축하려면 구체적으로 어떻게 해야 할까?'라고 누가 묻는다면 나는 그동안의 경험에 근거해 '자기 자신을 진솔하게 널리 알려라'라고 대답할 것이다.

인간관계는 서로 간의 상호작용이다. 그 안에서 내가 할 수 있는 것은 상대방에게 먼저 다가가고 나 자신을 보다 많이 알리는 것뿐이다. 신뢰라는 것도 내가 먼저 보여주어야지, '상대가 날 신뢰하는 것'은 그후의 일이며 자신의 통제력 밖의 문제다. 그러니 '나의 어떤 부분을 어떻게 알릴 것인가?'를 고민하면서 스스로의 장점을 개발하려 애쓰고, 만남을 즐기고, 상대를 배려하며, 늘 경청하는 태도를 갖는다면 신뢰의 인간관계는 짧은 시간에라도 폭넓게 구축될 수 있다.

요즘 빠르게 확산되는 SNS와 인터넷 포털사이트가 제공하는 각종 툴 등을 통해서도 인간관계를 넓힐 수 있는 것은 통신기술과 테크놀로지가 주는 현대문명의 행운이다. 같은 관심사, 같은 생각을 가진 사람들과 만나고 교류하는 것은 공감과 신뢰가 있는 인간관계의 구축을 용이하게 하기 때문이다. 또 관심사가 같다는 것은 꿈이 같다는 뜻이기도 하다. 따라서 시대의 변화를 따라 이와 같은 툴을 적절한 기회로 활용하는 지혜도 필요하다.

● 비금전형 자산 4순위 : 지식과 정보

21세기는 지식정보화 사회다. 토지가 주요 자산이던 농경사회, 자본가가 지배하는 산업사회를 거쳐 지금은 지식과 정보를 많이 가진 자가 큰 힘을 갖는 사회다. 컴퓨터와 통신, 모바일 테크놀로지의 발전으로 그 영향력과 변화의 속도는 점점 빨라지고 있다.

일부 계층이 지식과 정보를 독점했던 시기뿐만 아니라 정보의 공유가 가능한 오늘날에도 지식과 정보는 가치 있는 자산 중의 하나이다. '아는 게 힘이다'라는 말처럼 점점 더 치열해지는 경쟁사회에서는 지식과 정보의 양과 질에 의해 승패가 결정된다. 또 새로운 투자 기회를 발견하거나 효과적인 비용으로 삶의 질을 높이는 데도 지식과 정보는 중요한 역할을 한다. 그렇기 때문에 우리는 틈틈이 책을 가까이하고, 나보다 나은 사람들에게 귀를 기울이고, 관심 있는 세미나가 있다면 바쁜 시간을 쪼개서라도 참석해 다양하고 올바른 정보를 획득해야 하는 것이다.

지식과 정보는 키우고 쌓아야 할 자산이기 때문에 당신은 늘 배움의 자세를 가져야 한다. 그리고 '대충'과 '다 안다'를 경계해야 한다. 정확하지 않은 정보는 가십(gossip)에 지나지 않고, '다 안다'는 것은 '더 나아지거나 성장할 여지가 없다'는 말과 같기 때문이다.

그런데 어떤 지식과 정보에 우선순위를 두고 돈과 시간을 투자해야 할까?

꿈에는 방향성이 있다고 했다. 모든 성공적인 삶은 방향성을 갖는다. 성공하지 못한 사람들은 대개 일관성 있는 방향 설정하지 못하고 늘 흔들리는 경향이 있다. 비전을 갖고 시작했다가도 어느 날 비전이 없어졌다고 하면서 또 두리번거린다. 나는 그런 사람들을 많이 보았다. 그러나 참된 성공자들은 일관성 있는 꿈과 목표, 비전의 중요함을 알고 실천한다.

따라서 지식과 정보가 자산이 되게 하려면 일관된 방향으로 깊이를 가져야 한다. 아무리 많은 지식과 정보를 갖고 있어도 얕게 흩어져 있다면 그저 가벼운 대화의 소재로 밖에 쓰일 수 없다.

나의 경우 평생부자가 꿈이었기 때문에 자산과 투자, 현금흐름과 레버리지 등의 금융지식은 물론 빠르게 변화하는 경제 트렌드, 정부의 정책 변화, 평생부자들의 성공 습관에 대한 지식을 쌓고 정보를 모았다. 그러한 지식과 정보들은 기회가 왔을 때 내 호주머니에 돈을 넣어주었고, 지금은 중요한 자산으로서의 역할을 훌륭히 하고 있다.

● 비금전형 자산 5순위 : 통제력과 자기관리

통제력(Control)은 이제까지 배운 자산, 투자, 현금흐름, 레버리지 못지않게 부와 성공을 위해 꼭 필요한 능력이며 자산이다. 자기관리 능력과 같은 의미라고도 할 수 있다.

'자신이 가장 큰 적이고 자신을 이기면 무엇이든 이길 수 있다'라는 말을 들어보았을 것이다. 또한 '자신의 감정을 통제하지 못하면 자신의 돈을 통제할 수 없다'는 워렌 버핏의 주장은 '돈은 감정이다'라는 경제의 한 원리와 맥락을 같이한다.

여러 해 동안 주식 투자와 몇 건의 부동산 거래를 통해 실패와 성공의 굴곡을 겪어본 나는 그 말에 동의하지 않을 수 없다. 지나고 보니 성공하지 못했던 수많은 거래들은 모두 '잃는 두려움'이란 감정을 통제하지 못한 결과였다. 크게 성공할 수 있었던 거래에서 작은 이익밖에 취하지 못한 것도 그 감정 때문이었다. 그런 두려움의 감정은 마음을 조급하게 만들어 시간의 레버리지를 제대로 활용하지 못하게 했다.

감정은 매우 다양하다. 기쁨과 즐거움, 행복도 감정이다. 또 두려움과 의심, 좋고 싫음도 감정이다. 대부분의 불필요한 소비나 사치도 감정을 다스리지 못한 결과다. 그중에서 '내가 성공할 수 있을까?' 하는 두려움이 성공을 가로막는 가장 큰 감정이다. 두려움을 극복하려면 이미 성공한 사람들의 공통적인 외침에 귀 기울여야 한다.

'나는 할 수 있다!'

'내가 할 수 있다고 믿으면, 믿는 대로 된다.'

그런데 직시해보면 두려움의 대부분은 무지에서 온다는 것을 알 수 있다. 깜깜한 골목길이 무서운 이유는 그 어둠 속에 무엇이 있을지 모르기 때문이다. 실제로는 두려워할 만한 것이 아무것도 없는데도 눈에 잘 보이지 않는다는 이유로 두려움이 생긴다. 이보다 더 큰 문제가 있는데, 바로 자신이 무지하다는 것을 모르는 무지다.

당신의 감정은, 두려움은
잘 통제되고 있는가?

금전적 거래나 투자할 때만 감정의 통제가 절실히 요구되는 것은 아니다. 회사에서, 가정에서, 운전을 하거나 길을 걸으면서, 운동이나 게임 중에도 감정을 통제하지 못해 생기는 문제들은 일일이 열거할 수 없을 정도로 많다. 어렵게 쌓은 인간관계를 망치는 것도, 자산으로 부채를 구입하는 것도 대부분 감정 통제의 실패에서 비롯된다.

사업 파트너를 구할 때는 감정의 기복이 심하고 그 감정을 쉬 드러내는 사람들을 주의해야 한다. 솔직하고 순수해 보일 수 있지만 오래도록 좋은 관계를 유지하거나 함께하기는 쉽지 않다. 그런 사람들과는 동업관계가 오래 지속되지 않는 경우가 흔하다. 스티븐 코비가 그의 저서에서 신뢰의 척도를 '감정은행계좌(Emotional Bank Account)의 감정의 입출잔고'로 표현한 것은 신뢰의 핵심에도 감정이 자리잡고 있기 때문일 것이다.

우리는 늘 감정적으로 행동하고 이성적인 논리로 변명하고 합리화한다. 문제는 그런 감정이 적절히 통제되고, 적절한 때에 적절한 장소에서 표현되고 발휘되는 가다. 인생은 희로애락(喜怒哀樂)으로 구성된 연극인지도 모르겠지만, 확실한 것은 부와 성공은 감정을 통제하지 못하고는 이루기가 불가능하다는 사실이다.

187

● 비금전형 자산 6순위 : 성공을 위한 요소들

위에서 살펴본 5가지 자산 외에도 꿈을 이루기 위해 키우고 쌓아야 할 중요한 자산은 더 있다. 리더십·열정·용기·인내 등이 대표적인데, 모두 당장의 현금흐름과는 상관없어 보여도 좋은 기회나 수단을 만났을 때 자산으로서 역할을 할 성공의 요소들이다. 일일이 설명하지 않아도 다 아는 요소들일 것이다. 이것들 중에서 부족한 것이 있다면 지금부터 시간을 투자해 키워나가면 된다.

이외에도 이미 당신이 가지고 있을 몇 가지 중요한 자산을 목록에 추가하려 한다.

- **마음(Mind)** : 자산의 강력한 레버리지이며, 믿음과 긍정적 확신의 주인이다.

- **사명감** : 실천의 강한 의지를 지속시키는 동력이다.

- **용기와 결단력** : 우유부단하고 미루는 습관이 있는 사람을 일으켜 세운다.

- **부지런함, 인내심, 적극적이고 주도적인 자세, 긍정적이고 열린 생각** : 남이 못 보는 기회를 만들어주고 잡을 수 있게 한다.

- **신념 또는 신앙** : 어려움을 극복하도록 도와주며, 영적으로 우리를 강하게 한다.

자산 (투자 대상)	부채 (버려야 할 것들)
꿈과 목표를 분명히 하고 꾸준히 키우고 쌓아가야 할 요소들	자산을 만들고 키우는 데 역행하는 요소들로 변화의 노력이 필요한 것들
- 건강과 체력	- 건강하지 못하거나 허약한 체력
- 다양하고 신뢰 있는 인간관계와 팀워크	- 비평·비난·불평하는 습관
- 꿈과 목표에 관한 일관된 방향성이 있는 올바른 지식과 정보	- 다른 사람들과 어우러져 일하는 것을 힘들어하는 성향
- 솔선수범과 배려의 리더십	- 자기중심적 사고와 행동
- 자기관리 및 통제력	- '다 안다' 병과 강한 고정관념
	- 통제력 부족으로 인한 감정 기복

매일 스스로에게 자문해보라.

'나는 오늘 키워야 할 자산에 투자를 하고 있는가? 아니면 소비를 하고 있는가?'

● 비금전형 자산 7순위 : 인터넷 구독경제

최근 몇 년간 디지털 기술의 눈부신 발전으로 이로부터 무형의 디지털 경제에 큰 변화가 만들어지면서 인터넷상의 다양한 SNS를 기반으로 하는 새로운 자산의 형태가 떠오르는 중이다. 누구나 자신이 가지고 있는 지식과 경험을 인터넷을 이용하여 콘텐츠(contents)로 만들고 사람들의 눈과 귀를 사로잡을 수 있으면 된다. 즉 흥미를 끌거나 관심사가 같은 이들이 많이 모아지면서 거대한 기업광고시장을 형성해가고 이를 통해 큰 돈을 버는 사람들이 생겨나고 있다. 소위 '구독경제'라는 이름하에 인터넷상에 큰 디지털 자산시장이 만들어지고 점차 그 규모를 키우고 있다는 뜻이다. 그러므로 어렵다거나 익숙지 않다고 외면하기 보다 인터넷이라는 거대한 배움터에 빠져보는 것도 또 다른 자산구축의 기회가 될 수 있다. 사실 다양한 SNS가 그 플랫폼(platform)을 제공하고 있다는 것은 지금을 사는 이들에게 큰 행운이라 생각한다. 누구나 꿈과 열정, 어느 정도의 금융지능만 있으면 시작할 수 있고 큰 성장이 가능하다.

● 비금전형 자산 8순위 : 네트워크마케팅

인터넷상의 온라인 구독경제가 무형의 자산을 만들어가는 기회로 이해가 된다면, 구독한다는 의미가 단골이라는 말과 동의어로 공감된다면 온라인과 오프라인이 결합된 네트워크마케팅에도 눈을 돌려볼 만하다. 아주 오래전에 방문판매 형태로 시작했을 네트워크마케팅은 피라미드, 다단계 등의 오해 속에서도 꾸준히 성장하여 훌륭한 자산형성의 기회로서 자리를 잡아가고 있다는 것을 알고 있다. 신뢰 있는 인간관계, 지식과 정보, 통제력과 자기계발 등의 다른 비금전형 자산을 현실에서 실체화하는 좋은 수단이다. 이에 대해서는 실질적이고 오랜 기간의 경험을 바탕으로 다음 장에서 좀 더 자세히 설명하려 한다.

가치 있는 자산을 지속적으로 키우고 확장하라.

아주 특별한 자산

어느 추운 겨울에 한 부인이 창문으로 바깥을 내다보니 문 앞에 세 명의 노인이 매서운 바람을 맞으며 앉아 있었다. 마음이 따뜻한 부인이 나가서 노인들에게 청했다.

"날이 추우니 저희 집에 들어오셔서 추위도 피하시고 요기도 하세요."

한 노인이 대답했다.

"감사하지만 우리는 모두 함께 들어갈 수 없답니다. 내 이름은 부(富)이고, 이 친구의 이름은 성공(成功)이고, 또 다른 친구의 이름은 사랑인데 우리는 함께 들어갈 수 없으니 우리 셋 중에서 누구를 당신의 집에서 쉬게 할지 선택해주세요."

191

부인이 집에 들어가 남편과 며느리를 불러 이야기하니 남편이 매우 기뻐하며 이렇게 말했다.

"부를 초대합시다. 그동안 넉넉지 않았던 우리 집을 재물로 가득 채웁시다."

"여보, 당신은 늘 성공하고 싶어 하지 않았어요? 그러니 성공을 초대하는 건 어떨까요? 성공하면 명예도 부도 따라올 거잖아요."

그들의 대화를 듣고 있던 며느리가 조용히 말했다.

"차라리 사랑을 초대하는 것은 어떨까요? 화목하고 사랑이 넘치는 가정이 가장 소중하다고 늘 말씀하셨잖아요. 우리 집을 사랑으로 가득 채우면 부와 성공이 없어도 행복하지 않을까요?"

"그래, 아가야! 여보, 우리 며느리의 의견대로 사랑을 손님으로 들입시다."

부인이 밖으로 나가 세 노인에게 물었다.

"어느 분이 사랑이세요? 안으로 모시겠습니다."

사랑이 일어나 집 안으로 들어왔다. 그런데 놀랍게도 다른 두 노인도 따라 들어오는 것이 아닌가! 당황한 부인이 말했다.

"함께 들어오실 수 없다고 하지 않으셨나요?"

그러자 부가 대답했다.

"만일 당신이 나나 성공을 초대했다면 우리 중 남은 두 사람은 그냥 밖에 있었을 겁니다. 그러나 당신은 사랑을 초대했고, 사랑이 가는 곳엔 언제나 우리가 따라가지요!"

뜬금없이 들릴 수도 있지만, 우리가 원하는 진정한 부와 성공의 모습은 행복과 사랑이라는 가치가 함께할 때 비로소 완성된다는 따뜻한 이야기다. 그러고 보니 자산 목록에 '사랑'을 꼭 넣어야겠다.

자산을 쌓을 수 있는
기회를 잡아라

> 내가 지금 무엇을 얼마나 알고 있는지, 얼마나 갖고 있는지는 중요하지 않다.
> 정말 중요한 것은 내가 아는 것, 내가 가진 것으로 뭘 할 수 있는지,
> 어떤 가치를 만들어낼 수 있는지다!

기회를 찾아 움직이다

돈 걱정 없는 부자가 되고 싶다면 지출을 통제하고 꾸준한 현금흐름을 만들어주는 자산에 투자해야 한다는 사실을 충분히 이해했을 것이다. 하지만 여전히 '나는 어떤 자산을 만들 수 있을까?' 하는 의문이 남아 있다.

이해가 된다. 직장인으로 혹은 자영업으로 노동수입에 의존하며 시간에 쫓겨 매일을 사는데 그 와중에 무엇을 할 수 있을까? 가진 모든 가치를 찾아 자산 목록을 확장하고 꾸준한 노력과 투자로 그 가치들을 높여가도, 또 간절한 꿈과 건강한 육체, 신뢰로 엮인 인간관계, 열심히 공부해 얻은 지식과 정보 등의 자산으로 무장한다 해도 실제로 좋은 수단을 만나지 못한다면 내 호주머니를 불룩하게 만들지는 못할 것이다.

나는 한 달에 한 번씩 집에서 부와 성공에 관한 세미나를 열고 있는데, 어느날 세미나가 거의 끝나갈 무렵 한 분이 진지하게 얘기를 꺼냈다.

"소비와 투자, 자산과 부채, 현금흐름과 레버리지, 시간이 일을 한다 등 참 많은 것을 배웠습니다. 어떤 세미나보다 새롭고 현실적인 내용이었고, 그동안 투자 혹은 자산이라 여겼던 것들이 부채였구나 하는 반성과 함께 당장의 생계에 붙들려 더 나아가지 못하고 머물러 있는 나 자신을 돌아보는 계기가 되었습니다. 그리고 시간, 건강, 사람들 간의 신뢰, 정보와 지식, 감정의 통제력 등이 제가 인식해야 할 아주 중요한 자산이라는 것도 깨달았습니다. 그런데 말이죠⋯."

잠시 머뭇거린 그는 마침내 질문을 던졌다.

"실제로 호주머니에 돈을 넣어주는 자산을 만들려면 이제부터 어떻게 해야 하나요? 현금자산을 예금자산으로 바꾸듯이 자산은 변형

될 수 있다고 이해는 했지만, 돈이 별로 없는 내가 현실에서 어떤 자산을 만들 수 있을까요?"

그의 질문은 부와 성공 혹은 자기계발에 관한 책이나 세미나를 접한 후에 그 감동이 사그라질 때쯤 내 입에서 신음처럼 터져나오는 '그래서 어쩌라고?'와 같은 것이었다.

사실 큰돈이나 재능이 없는 평범한 사람들이 시도하거나 선택할 수 있는 수단이 쉽게 떠오르지는 않는다. 지출을 아껴 저축을 더 늘리고, 언제 다가올지 모르는 기회를 잡기 위해 다양한 자산을 키워나가야 하겠지만 실제로 현금흐름을 꾸준히 발생시키는 기회를 만나는 일은 마음대로 되는 일이 아니기 때문이다.

'내가 가진 시간, 꿈, 열정만으로 쌓을 수 있는 자산은 무엇이 있을까? 나는 정말 부자가 될 수 있을까?' 오래 전부터 스스로에게도 이런 질문을 해왔던 나의 결론은 이렇다.

현실에서 가진 것이 많지 않은 대부분의 사람들이 자산을 만들기 위한 가장 좋은 방법은 사업을 시작하는 것이다. 아주 작게 시작할 수도 있고, 부업으로 시작할 수도 있다. 누구나 꿈과 열정, 어느 정도의 금융지능만 있으면 가능하다.

빌 게이츠나 스티브 잡스도 작게 사업을 시작해 세계적 기업으로 키운 대표적인 예다. 물론 그들은 특별한 재능이 있었다. 그렇다고 해도 어느 나라에서든 아주 적은 돈으로 혹은 평범한 직장인으로 시

작해 부와 성공의 신화를 일군 예가 얼마든
지 있다. 그들의 이야기에 귀를 기울여보면
꿈과 열정이 가장 큰 자산이었다.

그러니 밑천이 없다고 해서 부자의 꿈을
눌러버리고 주저앉을 것이 아니라, 그 꿈을
이룰 수단이 되는 사업 기회와 안내자를 찾
아 움직여야 한다. 다른 대안이 없다고 떠밀
려서 하는 사업이 아니라 자산을 구축할 수
있는 가장 좋은 수단이라는 믿음을 가지고 주도적으로 준비해 시작
해야 한다.

주변에 자신의 사업으로 성공적으로 자산을 쌓아가는 사람이 있다
면 꿈 안내자로 삼고, 겸손한 자세로 그 사람에게 다가가 그의 말에
귀를 기울여라. 이제는 금융지능적 자산과 투자, 레버리지를 배웠으
니 그전과는 다른 이해와 관점으로 받아들일 수 있고, 그 안에서 기
회를 발견할 수 있을지도 모른다.

처음부터 잘할 수는 없다. 변별력을 키우고 시간을 투자해 적극적
으로 살펴보고 시작하면 된다. 가장 경계해야 할 마음자세는 '대충',
'다 안다', 그리고 새로운 것에 대한 두려움이다. 이미 충분히 바쁜
가운데 시간 투자도 여의치 않을 테고, 편안함을 찾으려는 게으름이
당신을 압박할 테지만 시작이 반이라는 말이 괜히 생겨났겠는가. 자

신을 믿고 시도하고 도전해보라.

넘어야 할 장애물들

모든 기회는 그 크기만큼 장애물을 동반하는 것 같다. 얻는 것이 클수록 위험도 크다는 말이 진리처럼 다가온다. 그러나 기회를 만나 성공하기 위해 어차피 넘어야 할 산이라면 미리 살펴보고 대비하는 것이 지혜로운 태도일 것이다.

장애물을 넘어 기회를 잡는 지혜를 몇 가지 살펴보자.

- '그래? 뻔하지 뭐! 내가 모르는 것이 있을 리 없어!' 하는 고정관념에서 벗어나야 기회를 만날 수 있다. 많이 알수록 모르는 게 많아지는 것이 세상의 이치다. 그러니 짐작하는 대신 시간을 투자해 스스로의 변별력을 기르는 편이 낫다.
- 모든 기회는 긍정과 부정의 면을 모두 가지고 있다. 하지만 긍정적 시각으로 기회를 바라보아야 한다. 그래야 할 일이 생기고 앞으로 나아갈 수 있다. 부정적 시각이나 비평·비난·불평은 그 내용이 사실이라 하더라도 우리를 멈추게 한다. 기회와 성공은 모두 긍정이 주는 선물이다.

- 주변 사람들의 실패 경험이나 잘못된 정보가 눈과 귀를 막지 않도록 해야 한다. 식당을 하다가 접은 친구가 있다고 해서 '식당은 안 된다'고 단정 지어서는 안 된다. 오히려 성공한 식당을 찾아 그 주인에게 배우려는 태도를 가져야 한다. 그러면 문을 닫는 식당 자리에 새로운 식당을 열어 성공하는 기쁨을 맛볼 수 있다. 이런 과정이 여러 TV 프로그램으로도 등장하는 걸 보면 그 중요성을 알 수 있다. 선입관에 휘둘려 기회를 놓치는 우를 범하지는 말자.

- 필요한 투자를 아끼지 말아야 한다. 투자를 아까워하면서 기회를 잡을 수는 없다. 또 돈보다 시간을 더 많이 투자하는 습관을 가져야 한다.

- 배움이 있는 곳이라면 어디든 겸손한 자세로 찾아가야 한다. 중국의 역사소설 《삼국지》에서 제갈공명을 삼고초려(三顧草廬)하는 유비나, 워렌 버핏과의 한 끼 점심식사에 수백만 달러를 지불하는 사람들의 생각과 자세를 배워야 한다.

- 실패는 성공의 어머니라 했다. 기회 속에서 실패를 미리 본다 해도 크고 작은 실패들이 모여 작은 성취를 이루고, 작은 성취들이 모여 큰 성공을 만듦을 알아야 한다. 실패와 성취는 정상으로 가는 과정의 일부일 뿐이다.

- 결코 포기는 없다고 마음먹어라. 포기와 멈춤의 유혹이 얼마나

강한지 안다. 처칠이 옥스퍼드대학 졸업식에서 젊은이들에게 해주고 싶은 한마디가 'Never Give Up(포기하지 마!)'이었다는 사실은 의미심장한 깨달음을 준다.

● 주머니에 돈을 넣어주는 자산을 구축하겠다는 방향성을 잃지 말아야 한다. '큰돈', '한방'과 같은 일시적 자본이득의 유혹 때문에 방향을 잃어서는 안 된다. 진정한 자산은 꾸준히 쌓아올려 지속적인 수입을 주는 것이다.

나는 경험을 통해 부족함과 결핍에서 새로운 시도가 탄생하고, 과정에서 장애물과 어려움을 만나기에 성공이 존재한다는 사실을 깨달았다. 물의 저항이 배의 프로펠러를 돌리고, 공기의 저항이 독수리를 날게 하는 것과 같은 이치다. 그렇다면 모든 장애물을 나의 성공을 돕는 기회로 간주하고, 피하기보다는 차라리 즐거운 마음으로 부딪치고 넘어가는 자세를 가져야 한다.

이외에도 좋은 사업 기회를 만나 성공하기 위해서는 배우고 지켜야 할 것들이 더 있을 것이다. 배움에는 끝이 없다. 성인이라 추앙받는 공자(孔子)도 자기가 남다른 점이 하나 있다면 바로 호학(好學)이라 했다. 배움을 좋아한다는 말이다. 배울 것이 많다는 것은 앞으로 더 성장할 여지가 있다는 초긍정의 메시지이기도 하다.

만남이 곧 기회다

세상에는 다양한 사업 기회가 있다. 그중에서 내가 가진 것으로 시작할 수 있고 성공할 수 있는 사업은 무엇일까?

기회는 적극적인 사람의 몫이다. 소극적인 자세로 기다리는 사람에게 기회는 오지 않는다. 혹 요행으로 오더라도 잡을 수 없을 것이다. 기회의 신 카이로스는 머리 뒤쪽에 머리카락이 없고 벌거숭이로 날아다닌다는 것을 기억해야 한다.

그런데 모든 기회는 만남을 통해 온다는 걸 아는가? 그래서 기회는 곧 사람이다. 기회는 자신과 만나기를 원하고 찾아 나서는 사람들을 좋아한다. 아직 기회를 만나지 못했다면 소극적인 자세로 기다렸기 때문일 것이다.

기회가 만남을 통해 찾아온다는 것은 지나온 시간들을 되돌아보면 알 수 있다. 나도 만남을 통해 중요한 결정을 한 경우가 많았다. 대학의 진로를 고심할 즈음에 만난 집안 어른의 한마디가 기계공학을 선택하도록 만들었고, 어느 전시회에서 고교 친구와의 우연한 만남이 이후 17년 넘게 근무할 직장을 선택하는 기회가 되었다. 길에서 만난 선배를 쫓아간 교회 성가대에서 지금의 아내를 만났다. 삶의 중요한 고비마다

Rich's Keypoint

만남이 곧 기회다.
모든 기회는
만남을 통해 온다.

누군가와의 만남이 있었고, 그 속에 조언과 스승과 멘토가 있었다.

당신은 어떠한가? 혹 찾아가는 만남은 거절의 두려움 때문에, 찾아오는 만남은 낯선 두려움과 게으름 때문에 피하고 있지는 않는가? 중요한 만남을 귀찮아 하고 게을리했기에 그동안 부자가 되는 기회도 피해갔던 건 아닐까?

물론 모든 만남이 다 좋은 것은 아니다. 만남에도 소비와 투자가 있다. 꿈이 없고 게으른 사람들은 소비적 만남을 즐기고 조금이라도 부담되는 만남을 피하려 하겠지만, 꿈이 있고 목표가 있는 사람은 낯설어도 투자가 되는 만남을 찾아 나선다. 그리고 꿈의 방향성이 확실하면 소비적 만남과 투자적 만남을 구분해낼 수 있다.

● 사업(Business)을 만나다

20여 년 전의 우연한 만남에 귀를 기울인 것은 참 잘한 일이었다. 전혀 여유가 없을 만큼 몹시 바빴던 때였고, 직장에 갇혀 살면서 '세상살이 뻔하다'는 고정관념이 강했던 나에게 퇴사한 직장동료가 지나가던 길이라며 찾아왔는데, 그 만남과 함께 기회가 다가왔다.

그는 자신이 하고 있는 일이 나에게도 기회가 될 수 있는지 관심을 가지고 살펴보라고 어떤 모임에 초대했다. 나는 남의 일에는 관심이 없었지만 인간관계를 소중히 해야 한다는 생각과 거절하는 것이 더 부담스러운 소심한 성격 탓에 초대에 응했고, 놀랍게도 그곳에서 부자의 꿈에 다가갈 수 있는 새로운 수단을 만났다.

물론 처음부터 '자산을 쌓을 수 있는 기회'라고 이해한 것은 아니다. 하지만 모임에서 들은 '지속적인 인세적(책, 음원 등의 저작료 같은) 수입'은 평생부자의 가능성을 보여주었다. 그때부터 나 자신의 변별력을 믿고 시간을 쪼개 알아보기로 했다. 사실 그렇게 한 데는 몇 가지 이유가 있었다.

첫째, 그 시절의 나는 경제적으로 좀 더 여유를 갖고 싶었다. 또 업무 스트레스로 몸이 심한 피로감을 느낄 때마다 '나에게 무슨 일이 생긴다면?' 하는 불안감이 내 마음을 뒤흔들었고, 가족의 미래와 노후에 대한 경제적 백업(Back Up)이 절실하게 필요함을 느꼈다.

둘째, 그 동료를 아주 성실한 사람으로 기억하고 있었다. 서로 잘 안다고는 할 수 없었지만, 왠지 신뢰를 주는 사람이었다. 마음속에서 '이런 사람이 하는 일이라면…' 하는 호기심이 발동했다고 할까?

셋째, 사업 내용이 '애용자 그룹이라는 자산을 구축하는 것'이라면, 아이템과 애용자가 있으면 어떤 사업이든 성립한다는 본질에 부합했다. 소비자를 만족시킬 수 있는 아이템인지만 확인하면 되었다. 더욱이 돈 투자가 거의 없다니, 그게 사실이라면 알아보지 않을 이유가 없었다. 자투리 시간으로 시작할 수 있다는 점도 매력적이었다. 직장인이 직장을 떠나 성공이 보장되지 않는 사업을 시작하기는 쉽지 않은데 병행할 수 있는 일이라면, 입버릇처럼 이야기하던 '직장에만 충실해야 한다'는 말을 조금은 수정할 수 있었다.

넷째, 작은 돈이라도 인세와 같은 꾸준한 수입은 가족을 위한 스페어타이어(spare tire)가 될 수 있다는 그의 말은 충분히 설득력이 있었다. 마침 주식과 부동산에 매달려 인생역전의 한방을 노리던 생각이 거듭되는 실패로 퇴색해가던 시점이기도 했다.

그때부터 나는 퇴근 후와 주말의 시간을 쪼개 그가 권하는 모임에 참석해 좀 더 자세히 알아보기로 했다. 더불어 중요하다고 생각하는 몇 가지 내용들이 사실인지를 확인하는 데 한 달 정도를 보냈다. 제일 중요하다고 생각하는 사업 아이템의 품질과 경쟁력을 우리 가족의 소비를 통해 직접 검증했고, 공부를 하면서 사업의 윤리성과 수익성, 성장 가능성도 검토했다.

그 과정에서 몇몇 사람들로부터 부정적인 의견과 염려 섞인 말을 듣기도 하고 인터넷상에서 우호적이거나 적대적인 다양한 정보를 접하기도 했지만 나는 나 자신의 변별력을 믿었다. 어차피 그들은 성공하지 못한 사람들이거나 다른 대안을 제시하지 못하는 사람들이었다. 머물러 있기보다는 앞으로 나아가거나 성공한 사람들에게만 귀를 기울이는 편이 낫다고 믿었다.

궁극의 자산,
애용자를 만들어라

지혜로운 소비란 곧 건강한 소비이고, 건강한 소비는 곧 미래를 위한 투자이다.
현명한 소비가 가족 건강과 행복을 위한 투자라는 인식이 없는 사람은
귀찮아하거나 돈을 아끼려다가 더 많은 비용과 손실을 초래한다.
자신에게 좋은 제품을 구분하는 변별력을 갖는 것, 그것이 곧 투자다.

모든 사업(비즈니스)은 결국 단골게임이다

'이해할 수 없으면 소유할 수 없다'(괴테)고 했던가? 무슨 일이든 잘 알아야 성공할 수 있다. 사업에 성공하려면 사업의 본질을 잘 알아야 한다. 모든 사업의 본질은 애용자, 즉 반복적으로 소비를 하는 사람을 만드는 것이며, 애용자는 흔히 쓰는 말로 '단골손님'이다.

동네 빵집 주인은 신선하고 맛있는 빵과 미소 가득한 얼굴로 경쟁하고, 대기업은 기술 개발과 애프터서비스 망으로 경쟁을 한다. 인터넷상에서 비즈니스를 일구는 이들은 '구독'이라는 이름으로 단골을 모은다. 목표는 단 하나다. 애용자 확보!

어떤 사업이든 궁극의 자산은 애용자라는 무형의 자산이다. 자산의 무수한 변형 끝에 최종적으로 만들어진 애용자가 내 호주머니에 지속적으로 돈을 넣어주기 때문이다. 아무리 많은 돈이 투자된 기술력이 있다고 해도, 목이 좋은 곳에 자리를 잡고 있다거나 꼭 필요한 생필품이라고 해도 일회성 소비자(고객)뿐이라면 그 사업은 곧 망한다. 비싼 스타를 동원해 광고를 하고, 거미줄 같은 유통망에 투자하고, 유혹적인 외관과 인테리어로 치장을 해도 애용자를 만들지 못한다면 사업이 실패하는 것은 시간문제다.

모든 사업은 '애용자를 얼마나 많이 그리고 빨리 확보하고, 안정적으로 유지하느냐'로 성패가 갈린다. 애용자 보유 능력은 기업 컨설팅의 핵심 포인트이기도 했다. 애용자가 또 다른 애용자를 만든다는 것은 한 명의 애용자가 사업의 레버리지로 이어진다는 의미이다. 앞에서 정의한 것처럼, 사업을 이해하기 쉽게 하나의 게임으로 표현한다면 결국 모든 사업은 '단골게임'이다. 실제로 기업 간의

-🔆- **Rich's Keypoint**

모든 사업은 '애용자를 얼마나 많이 그리고 빨리 확보하고, 안정적으로 유지하느냐'로 성패가 갈린다.

인수&합병(M&A) 시 가치를 평가하는 기준에도 무형의 애용자 가치가 반영된다. 바로 우리가 브랜드 파워(Brand Power)라고 표현하는 그것이다. 또 자영업자들이 가게를 넘길 때 소위 '권리금'을 주고받는 경우가 있는데, 이 또한 같은 업종이라면 장부상에 보이는 시설 외에 기존 단골고객의 가치를 인정한다는 의미일 때 그 가치를 주장할 수 있다.

결론적으로, 경쟁력 있는 아이템과 그 아이템을 찾는 애용자가 있으면 사업은 성립한다. 아이템은 애용자를 만들 수 있는 대상이라면 무엇이든 될 수 있다. 아이템을 직접 만드는지, 다른 사람이 만든 것을 취급하는지 얼마나 많은 자본이 투자되고 얼마나 큰 규모인지는 중요한 핵심이 아니다.

소비자의 경험이 애용자를 만든다

그렇다면 경쟁력 있는 생필품을 소비한 뒤 만족스런 경험을 구전으로 알려 애용자를 확보하는 것이 사업이 될 수 있을까? 소비자 만족에 의한 구전이 또 다른 구전을 일으켜 애용자층을 넓히고, 그에 대한 적절한 보상이 주어진다면?

경쟁력 있는 아이템 + 만족스런 소비 경험의 구전으로 애용자 확보 ⇒ 사업

실제로 이것은 수십 년의 역사를 지닌 검증된 사업모델이다. 다만 사업으로서의 기회 또한 제품의 경험과 마찬가지로 구전으로만 전달되니 그동안 많은 사람들이 올바른 방법으로 접할 기회가 드물었을 뿐이다.

소비 경험이 구전으로 전달된다는 뜻은 제품의 품질 자체가 이미 강한 설득력을 갖는다는 뜻이다. 게다가 금전적 투자나 비용이 거의 들지 않으니 손실의 위험이 없고, 복잡한 유통 단계를 획기적으로 줄여 소비자들에게 보다 강력한 보상 체계를 마련해주니 이보다 더 좋은 사업모델이 있을까 싶다. 또 시간의 제약도 없다. 모든 만남이 구전의 기회가 된다. 사람들 간의 대화에서 거의 빠지지 않는 것이 이런저런 상품 후기나 주변 사람 혹은 스타들에 대한 뒷담화인데, 다른 사람들에 대한 뒷담화나 가십으로 시간을 소비하는 대신 실생활에 도움이 되는 생필품 경험이 구전된다면 누이 좋고 매부 좋은 일 아닌가? 더구나 구전에는 한계가 없으니 장기적 관점에서의 사업성과 비전 또한 한계가 없다.

이러한 많은 장점에도 불구하고 사람들이 쉽사리 시작하지 못하는 것은 '크든 작든 자본이 투입되어야 하고, 사무실 등 눈에 보이는 것

이 있어야 하고, 무엇이든 만들거나 팔아야(sales) 돈을 벌 수 있다'는 고정관념이 마음속에 자리잡고 있기 때문이다. 이러한 고정관념을 버리거나 바꾸는 것은 그리 쉬운 일이 아니다.

다행히 나는 '구전에 의해 형성된 애용자 그룹'이 자산이 된다는 사실을 깨닫는 데 그리 오랜 시간이 걸리지 않았다. 애용자라는 '가치'를 만들 수 있다면 보상이 따라오는 것은 당연하다고 생각했다. 또 소비자 구전에 대한 보상의 성격을 띠는 캐시백(cashback)이, 한번의 구전이 갖는 영향력과 지속성 때문에 멈춤이 없는 인세적 성격을 갖는다는 사실에 놀랐다. 내 호주머니에 돈을 넣어줄 수 있는 자산의 최종 형태로서 모든 사업의 목표인 애용자 그룹이라는 무형의 자산이 좋은 경험의 구전으로도 만들어진다는 것을 인식한 것이다.

고정관념을 벗고 새로운 관점으로 보라

사람들은 이런 사업모델을 네트워크마케팅 비즈니스라고 부른다. 구전에서 구전으로 연결된 애용자(소비자)들이 마치 거미줄(네트워크)처럼 보인다고 붙인 이름일 것이다.

혹 "네트워크마케팅 비즈니스를 소개하려는 책이었나?" 하면서 불법적인 다단계 판매를 떠올리는 독자도 있을지 모르겠다. 그렇다면 조금 더 마음을 열 필요가 있다. 내가 여기서 이야기하려는 핵심은 네트워크마케팅 비즈니스 자체가 아니라 '지속적인 수입을 줄 수 있는 자산으로서의 사업 기회'이기 때문이다. 그래도 아직 의아해하는 독자들을 위해 피라미드와 다단계 판매, 네트워크마케팅 비즈니스를 아주 간단히 비교해본다.

● 피라미드 판매

불법 다단계라고 하면 보통 피라미드 판매를 가리킨다. 피라미드는 기업 등 거의 대부분의 조직에서처럼 먼저 시작한(입사한) 사람이 상대적으로 유리한 피라미드 형태를 띠어 붙여진 이름이다.

하지만 실질적으로는 그 모양에 관계없이 누군가가 피해를 본다면 다 피라미드 판매라고 할 수 있는데, 그 유형도 다양하다. 대표적으로는 턱없는 품질의 제품을 비싼 가격에 파는 것, 나중에 가입한 사람의 돈으로 먼저 가입한 사람이 혜택을 받는 것 등이다.

● 다단계 판매

방문판매의 한 형태로 다양한 규모의 많은 기업들이 판매 방식의 하나로 채택하고 있다. 대체로 판매 이익금이 조직 내에서 종(縱)적으로 분배되는 구조를 갖지만 노력에 의한 판매 실적이 보상의 축을 이루므로 피라미드와는 다르다. 일반적으로 조직상의 직책 등이 부여되고 개인사업자처럼 운영되지만 회사의 통제를 받는다.

● 네트워크마케팅 비즈니스

소개 혹은 구전으로 연결된 소비자들 간의 수평적 구조(네트워크)
다. 즉 조직의 형태를 갖지 않는다. 구전 노력에 따른 수익 분배 방식
도 수평적이며, 회사와 개별 소비자는 파트너십의 개념으로 연결되
고, 소비자들 간에도 서로 완전히 독립적이다.

사실 수평적 개념의 네트워크마케팅은 종적인 피라미드적 사고를
바꾸는 새로운 시대의 큰 흐름 중 하나다. 모바일로 발전하는 컴퓨터
와 인터넷으로 이뤄지는 유비쿼터스(Ubiquitous. '시간과 장소에 상관없
이 존재하는'의 뜻으로 어디서나 접속 가능한 정보통신 환경) 환경에서 네트
워크란 수평적인 모든 체계와 의사소통의 트렌드를 대변하는 단어
다. 상호 경쟁관계인 부동산 중개소나 여러 동종 업계의 회사들도 요
즘은 네트워크를 통해 거래를 활성화시킨다. SNS나 프랜차이즈도
일종의 네트워크마케팅이다. 컴퓨터나 통신 네트워크뿐만 아니라 많
은 사람들이 자산으로 인식하고 쌓으려고 애쓰는 인맥도 네트워크
[Human Network]다.

이것은 현대사회의 가치관의 변화와도 관계가 있다. '나만 알고 있
는 비밀'에 큰 가치를 두던 시대에서 이제는 '얼마나 많은 사람이 함
께 아는가' 하는 정보의 나눔이 상식이 되고 가치가 되는 네트워크

'나만 알고 있는 비밀'에
큰 가치를 두던 시대에서
이제는 '얼마나 많은 사람이
함께 아는가' 하는 정보의
나눔이 상식이 되고
가치가 되는 네트워크
시대가 되었다.

시대가 되었다. 이를 이용해 기존의 포털사이트(site)가 주축인 인터넷 플랫폼(platform) 외에도 비어 있는 주택을 공유하는 비즈니스, 소유하고 있는 차량을 공유하는 비즈니스 등 소위 플랫폼 비즈니스모델이 이미 큰 성공을 거두고 있다. 하지만 누군가 네트워크마케팅 비즈니스에 대해 부정적 고정관념을 가졌다 해도 탓할 수는 없다. 왜냐하면 낯선 네트워크마케팅 비즈니스가 처음 태동하고 소개되던 초기에는 지금과는 많이 달랐기 때문이다.

맥도날드보다 적어도 20여 년 전에 시작되었다고 알려진 네트워크마케팅 비즈니스는 초기에는 일대일 마케팅이라는 개념 때문에 참여자들 간에도 '소비와 구전'보다는 방문판매의 형태로 인식되었을 가능성이 크다. 또 구전의 결과에 대한 보상이 생소하므로 결국은 무엇인가를 팔아야 돈을 벌 수 있다는 고정관념이 한몫을 했다. 아직도 그와 같은 형태의 판매원들을 접했거나, 간접적으로 들었던 경험이나 인식이 현재도 많은 사람들의 고정관념 속에 자리 잡고 있다.

하지만 《생각의 속도(Business @ The Speed of Thought)》(빌 게이츠)에서 이야기하듯 세상은 이미 모든 정보가 놀라운 속도로 변하고 해석되고 전달되는 인터넷 시대로 접어들었다. 그 영향으로 마케팅 역시 소비자 주권시대의 상거래 트렌드와 맞물려 모바일 마케팅으로 진화하고 있다.

따라서 변화에 대응해 '지속적으로 호주머니에 돈을 넣어주는 무형자산'을 구축하는 수단으로서 네트워크마케팅 비즈니스를 새로운 관점과 이해로 바라볼 필요가 있다. 특별한 재능이나 능력이 없는 평범한 사람들이 선택할 수 있는 대안 중의 하나가 분명하다.

자산의 변형이 주는 기회

네트워크마케팅이란 이름이 중요한 것은 아니다. 정말 중요한 것은 내가 지금 자산이라고 여기는 가치, 즉 시간·건강·신뢰를 바탕으로 하는 인간관계·지식과 정보·감정 통제력 등에 만족스런 소비의 경험이 더해지면 애용자 그룹이라는, 호주머니에 돈을 넣어주는 자산으로의 변형이 가능하다는 점이다. 그래서 투자와 자산 등의 금융지능으로 무장했지만 적절한 수단을 못 찾아 목말라 하는 사람들에게는 단비와 같은 기회가 될 수 있다. 시간이 갈수록 관심을 보이는 사람들이 많아지는 것도 당연한 현상이다.

애용자 그룹은 그 구심점이 되는 경쟁력 있는 아이템에 그동안 쌓아올린 자산 목록의 변형을 통해 만들어진다. 즉 내가 가치가 있다고

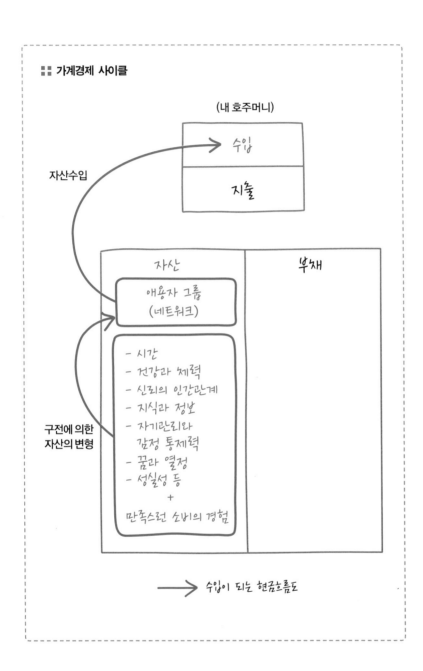

가계경제 사이클

(내 호주머니)

수입

지출

자산수입

자산

애용자 그룹
(네트워크)

부채

- 시간
- 건강과 체력
- 신뢰의 인간관계
- 지식과 정보
- 자기관리와
  감정 통제력
- 꿈과 열정
- 성실성 등
  +
만족스런 소비의 경험

구전에 의한
자산의 변형

⟶ 수입이 되는 현금흐름도

믿고 키워왔던 인간관계, 꿈과 열정, 리더십, 소중한 시간 같은 무형의 자산들이 만족스런 소비 경험의 구전에 얹혀 꾸준한 수입을 주는 자산, 즉 애용자 네트워크로 바뀌는 것이다.

이러한 자산의 변형 과정이 쉽게 이해되지 않을 수도 있다. 하지만 신뢰성이 있는 입소문에 단골손님이 늘어나는 동네식당을 떠올리고, 주인이 구전을 많이 한 단골손님에게 무엇인가 보상을 하는 간단한 풍경을 상상한다면 그리 어렵지도 않다.

이것은 생산자인 네트워크마케팅 회사가 소비자를 유일한 파트너로 인정하고, 사업의 열매를 투명하게 공유할 때만 가능한 일이다. 소비자 구전의 결과로 만들어지는 애용자 네트워크가 각자의 자산으로 인식된다는 의미이다.

경제 사이클의 혁명적 변화

'구전에 의해 애용자 그룹이라는 무형의 자산을 구축한다'는 네트워크마케팅 비즈니스의 본질을 이해하면 네트워크마케팅 비즈니스야말로 경제 사이클에 혁명적 변화를 가져오는 놀라운 기회임을 알 수 있다.

가계의 경제 사이클을 다시 한 번 들여다보자. 우리가 투자를 통한

자산 구축에 어려움을 느끼는 이유는 충분한 돈이 없다는 것 이외에
도 투자를 통한 추가 수입이 항상 보장되지 않기 때문이다. 그래서
'목돈→투자→추가 수입'의 단계를 위험구간이라고 했다.

사이클은 '되풀이된다'는 의미다. 현실에서도 매번 새로운 투자가
있을 때마다 위험이 존재한다. 그런데 소비와 구전에 의한 네트워크
마케팅은 이 경제 사이클을 변형시켜버린다. 즉 위험구간이라고 설
정했던 '투자를 통한 추가 수입'을 건너뛰어 '소비를 통한 추가 수입'

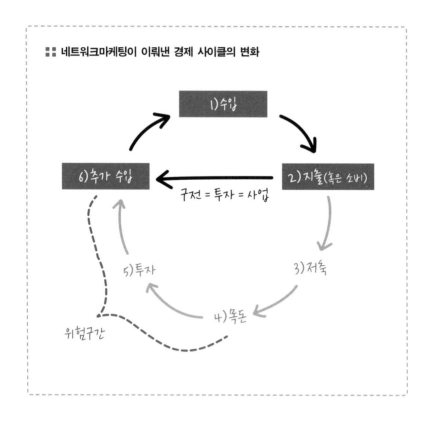

:: 네트워크마케팅이 이뤄낸 경제 사이클의 변화

1)수입

2)지출(혹은 소비)

6)추가 수입

구전 = 투자 = 사업

5)투자

3)저축

4)목돈

위험구간

사이클을 만든다. 구전의 행위가 애용자라는 자산, 즉 지속적인 수입원을 만들기 위한 일종의 투자로 작용하기 때문이다.

네트워크마케팅 또한 하나의 비즈니스모델로서 지속적인 시간과 노력이 투자되는 사업 활동이다. 하지만 애용자라는 자산이 커지고 축적되면서 요구되는 시간과 노력이 감소한다. 애용자가 스스로 소비행위를 하기 때문이다. 이 점이 많은 사람들이 종종 오해하는 판매(sales)와 명백히 다른 점이다. 네트워크마케팅에서의 시간과 노력을 투자하지만 금전적 위험이 수반되지 않아 앞서 설명한 일반적 투자의 위험구간을 지나지 않고 소비(지출)만으로도 추가 수입을 만들 수 있다. 가히 혁명이라 할 수 있다! 기업을 일으켜 경제적으로 큰 성공을 거둔 한 지인은 순수한 소비자의 시각에서 이를 이해하고는 '소비자 혁명'이라고 불렀다.

그렇다! 소비 경험으로 자산을 구축할 수 있다는 것, 그로 인해 위험구간을 비켜 가면서도 추가 수입의 기회를 만든다는 점에서 네트워크마케팅은 경제 사이클의 소비자 혁명이다. 선입견과 고정관념을 바꾸기는 쉽지 않겠지만, 마음을 열고 기회의 신을 만나보는 것은 어떨까?

구전 마케팅의 무한 레버리지

소비자들 간에 제품의 존재를 알리는 가장 강력한 수단은 바로 구전 광고(입소문)다. 구전은 소비자의 경험이 기초 재료가 되어 사람들에게 전달되는 것으로 광고 효과가 가장 강력하다. 인터넷상에서 '댓글 문화'의 영향력이 점점 막강해지는 것도 같은 맥락이다.

네트워크마케팅을 레버리지 관점에서 살펴보자. 앞에서 잠시 살펴본 것처럼 사업은 그 레버리지의 크기를 예측할 수 없다. 비록 손실의 위험이 있지만, 성장하고 성공한다면 그 크기를 한계 지을 수 없다는 점이 모든 사업의 매력이고 비전이다.

그런데 사업 기회로서의 네트워크마케팅은 무한 레버리지를 갖는다. 구전은 한계가 없기 때문이다. 소비자를 진정으로 만족시키는 아이템이 구전에서 구전으로 이어지는 것은 자연스러운 현상이며, '나에게 만족을 주는 소비'는 모두의 관심사이기에 멈춤이 없다.

좋은 영화가 수백만 명의 관객을 동원하는 이치와 유사하지만 소비는 일회성이 아닌 삶의 일부이기에 시간이 지남에 따라 무한 레버리지의 성장 원리를 갖는다. 단골의 구전이 단골을 만든다. 부연하면, 한 사람이 몇 사람에게 구전을 하고 그들의 제품 경험이 다시 구전되는 과정에서 결국 많은 사람들의 구전이 동시에 일어나게 되는데, 이는 기하급수적 시간의 레버리지가 작동한다는 의미이다. 워렌

218

버핏이 복리(複利)를 이야기하면서 비유한 눈덩이(snowball) 이론과도 유사하다.

당연히 이에 따른 보상의 크기도 같은 구조를 갖는다. 소비자 만족 1등을 주장할 수 있는 아이템의 경쟁력이 필수 전제조건임은 물론이다. 그런 아이템을 만날 수 있다면, 또는 그런 아이템을 만들어내는 기업을 파트너로 삼을 수 있기만 하면 네트워크마케팅은 큰 사업의 기회가 될 수 있는 것이다.

앞선 네트워크마케팅 회사들은 유비쿼터스 시대에 발맞춰 이미 인터넷 쇼핑몰의 형태를 띠고 있다. 한계가 없는 구전에 스피드(Speed)가 더해진 것이다. 요즘 우리 생활을 장악하고 있는 카카오톡(Kakao Talk), 페이스북(Facebook), 유튜브(Youtube), 트위터(Twitter), 인스타그램(Instagram) 등을 보면 구전(문자에 의한) 네트워크의 힘이 얼마나 큰지 짐작할 수 있다. 기하급수적 성장의 원리와 속도의 레버리지를 보여준다.

결론적으로 소비자를 만족시키는 제품(아이템)과 구전의 힘으로 형성된 애용자 그룹은 네트워크마케팅에 참여해 꾸준히 자산을 쌓은 사람들에게 무한한 자산수입의 기회를 준다.

소비가 곧 투자다

한편 네트워크마케팅 비즈니스에서의 추가 수입은 '소비'에 대한 보상이라는 점에서 판매수당(commission)이나 마진(margin)이 아닌 소비자에게 되돌려주는 '캐시백'의 형태를 지닌다. 따라서 추가 수입(캐시백)을 기대하고 적극적인 구전을 위해 하는 소비는 일종의 투자 행위라고도 할 수 있다. 즉 구전과 더불어 소비가 곧 투자다.

캐시백의 개념은 오래 전 미국에서 저가 항공사들과의 경쟁력을 키우기 위해 대형 항공사들이 보유 노선이 많은 장점을 살려 마일리지 보상을 하면서 시작되었다. 그런데 지금은 거의 모든 분야에서 거대한 마케팅 트렌드로 자리 잡고 있다.

실제로 인터넷 시대에 소비자들 간의 정보의 공유가 용이해지면서 소비자 파워가 커짐에 따라 소비에 대한 보상 개념이 마케팅의 일환으로 등장하고, 캐시백에 의한 소비자 보상이 점점 강화되고 있다. 쉬운 예로 신용카드, 주유소, 마트 등 거의 모든 비즈니스에서 할인과 더불어 포인트 적립 또는 현금 보상과 같은 마케팅 프로그램들이 활성화되고 나아가 일상화되고 있음을 경험할 수 있다.

한편으로는 소비를 통해 돈을 벌 수 있다는 점에서 네트워크마케팅 비즈니스에 참여하는 소비자들을 프로슈머(Prosumer)라고도 하는데, 단순히 돈을 쓰는 아마추어 소비자와 비교해 돈을 버는 소비자

(Professional Consumer)로 해석된다.

원래 프로슈머는 미래학자 앨빈 토플러(Alvin Toffler)가 1980년대에 저서 《제3의 물결(The Third Wave)》에서 처음 주창한 개념으로 생산자(Producer)와 소비자(Consumer)의 합성어다. 앨빈 토플러는 프로슈머를 보다 광범위한 개념으로 설명하고 있는데, 새로운 시대에는 여러 형태의 소비자 행위가 사회적·경제적 가치를 창조하며 이로 인해 생산자와 소비자의 경계가 허물어진다는 개념으로 이해된다. 동영상 공유 SNS인 유튜브(youtube) 등이 대표적인 예다.

프로슈머는 또한 활발한 정보의 공유를 통해 새로운 가치와 필요를 만들어낸다는 점에서 주도적인 소비자(Proactive consumer) 혹은 적극적인 소비자의 의미도 있다. 생산자가 만들어주는 대로 선택하는 게 아니라 자신의 욕구와 취향을 생산 단계에서부터 반영할 수 있도록 피드백하고, 확산되는 인터넷과 소셜커머스를 활용해 소비자 간의 경험과 생각이 공유되고 영향력을 발휘한다.

이러한 프로슈머의 등장은 산업 전반에 걸쳐 여러 형태의 소비자 파워가 생성되고 커지면서 소비자 중심의 네트워크마케팅 비즈니스에 대한 관심과 이해가 확산되는 데 중요한 개념으로 자리 잡고 있다.

'어쩌라고?'에 대한 답변

　나는 모든 사업을 요리와 같다고 이해한다. 이름은 같아도 어떤 재료를 쓰느냐에 따라 다른 요리가 만들어지고, 같은 재료라도 레시피가 다르면 음식의 모양과 맛이 달라진다. 이름은 같아도 같은 요리가 아닌 것이다.

　또 모두가 숙련된 요리사가 아니므로 보기 좋고 맛도 있는 요리보다는 당연히 그저 그런 요리가 만들어질 가능성이 훨씬 높다. 맛보는 입장에서는 맛있는 요리보다는 시원찮은 요리를 경험할 확률이 매우 많다는 말이다. 그런 경험을 하고 나면 '그 요리 별로야!', '안 먹는 게 좋아!'라고 말하게 된다. 그렇다고 보기도 좋고 맛있는 요리가 없는 것은 아니다. 오히려 보기도 좋고 맛있는 요리에 대한 입소문은 지속적으로 더 많은 사람들을 불러 모을 수 있는 기회를 갖는다.

　마찬가지로, 누구든 좋은 요리로 비유될 수 있는 좋은 네트워크마케팅 비즈니스를 만난다면 관심을 갖지 않을 수 없을 것이다. 돈이나 스펙, 능력과 상관없이 매일 소비하는 생필품의 만족스런 경험을 전함으로써 애용자 그룹이라는 무형의 자산을 만들고 멈춤이 없는 추가 수입의 기회를 맛보게 된다.

　'가치가 있는 곳에 돈이 있다'는 당연한 진실에 비추어보면, 오랜 역사를 지닌 네트워크마케팅에도 많은 가치들이 있음을 짐작할 수 있다. 로버트 기요사키도 그 가치를 발견한 듯하다. 그는 네트워크마케팅으로 성공한 사람이 아님에도 저서 《비즈니스 스쿨(business school)》에서 네트워크마케팅의 가치들을 객관적인 시각으로 다루고 있다.

나 역시 경험으로 여러 가치들을 발견했는데, 최고의 가치는 다른 사람들의 꿈을 이룰 수 있도록 경제적 성공을 돕는 것이다. 이는 부와 성공에 관한 많은 책에서 주장하는 '진정한 성공은 다른 사람의 성공을 돕는 것'이라는 가치와 그 맥을 같이한다.

이것은 네트워크마케팅이 갖는 완벽할 정도의 윈-윈(win-win)의 가치에 기인한다. 경제 사이클의 위험구간을 비켜간다는 것은 그 자체로 손실 혹은 손해의 위험이 없다는 것을 의미한다. 즉 본질에 맞게 올바로 전개된 네트워크 안에서 소비자들은 경쟁력 있는 제품으로 유리한 소비를 하게 되고, 사업가(적극적인 구전을 하는 소비자)들은 서로 함께 성장하므로 누구도 손해의 위험이 없다.

네트워크마케팅이 갖는 또 하나의 중요한 가치는, 개인의 성공에 필요한 여러 덕목들을 키워주는 훌륭한 교육 시스템이 있다는 것이다. 놀랍게도 그러한 덕목들은 우리가 앞에서 살펴본 비금전적 자산 항목들과 일치한다. 즉 네트워크마케팅의 성공 시스템 속에 들어가면 당신의 자산 가치를 성장시킬 수 있다.

아직도 '누군가를 이용하거나 판매하는 게 아닐까?' 하는 고정관념 때문에, 또는 그저 그런 요리의 경험으로 인해 네트워크마케팅에 대해 관심을 갖는 것이 어렵다 해도 네트워크마케팅이 주는 가치들은 당신이 선택할 수 있는 어떤 사업 기회에서도 반드시 검토되어야 할 요소임을 지나치지 말자. 그리고 자산 구축에 의한, 돈 걱정 없는 평생부자를 꿈꾼다면 네트워크마케팅을 하나의 수단으로서 진지하게 살펴볼 것을 권한다. 어쩌면 현실적으로 투자의 위험구간을 지나지 않고 '지속적 현금흐름(자산수입)을 추가 수입으로 갖는' 유일한 대안이 될지도 모른다.

이제는
실천이다

우리는 소비와 투자, 자산과 부채, 현금흐름, 레버리지, 자산의 확장과 변형,
자산으로 간주되는 여러 무형의 가치들에 대해 공부했다.
또 자산의 속성과 행복을 추구하는 진정한 부자의 의미에 대해서도 알았다.
남은 것은 호주머니에 돈을 넣어주는 자산에 초점을 맞추어 올바른 투자를 하고,
그것이 습관이 되도록 실천하는 것이다.

배운 대로 하려무나!

한 학생이 선생님을 찾아갔다.

"무엇 때문에 왔니?"

"선생님, 저는 머리가 나쁜 걸까요? 성적을 잘 받고 싶은데 어떻게

해야 할지 모르겠어요."

학생이 찾아와 이런 질문을 하는 경우는 처음이었기에 선생님은 참으로 기특하다는 생각을 했다. 그리고 얼굴에는 저절로 흐뭇한 미소가 피어났다.

"그래? 내가 보기에는 머리가 나쁜 것 같지 않은데… 그럼, 공부를 잘하려면 어떻게 해야 할까? 네가 아는 방법을 말해볼래?"

"글쎄요… 수업시간에 한눈팔지 않고 집중하는 것? 그리고 예습, 복습 철저하게 하는 것? 그런 거요?"

"그래, 너는 그렇게 하고 있니?"

"……."

"이제부터는 네가 말한 대로 하려무나. 그러면 좋은 성적을 받게 될 거야."

부자로 사는 것이 부모 운이 좋은 사람들의 몫일 거라는 생각, 아무리 노력해도 나는 안 될 거라는 패배의식, 기회라고 부를 수 있는 적절한 수단이 없다는 절망감, '다 그저 그렇게 사는데 뭐' 하는 위장된 만족감 등을 떨쳐버리는 것이 그리 쉽지 않을 수도 있다. 어쩌면 그런 생각들이 당신을 더 힘들게 할지도 모르겠다. 새로운 생각, 도전의식, 희망의 몸부림, 꿈과 현실의 차이를 메우려는 노력이 기다리고 있기 때문이다. '나는 머리가 나빠서 아무리 노력해도 좋은 성적

을 받기 어려울 거야'라는 패배의식을 떨쳐
버리고 싶어서 선생님을 찾아온 아이처럼 말
이다.

'아는 대로 하려무나!' 하는 선생님의 말씀
에 그 아이가 다시 절망감에 빠지지 않기를
간절히 바라면서 우리 자신을 투영해보자.

생활 속의 부자습관

다음의 현실을 질문해보자. 평생부자의 투자습관으로 무장해야 할
생활 속에서 흔하게 맞닥들일 상황들인데, 혹 당신이 이들 중 한 명
이라면 어떻게 하겠는가?

● 아주 많은 사람들이 TV와 스마트폰의 친구다. 최근 통계에 의
  하면 우리나라 국민의 평균 TV 시청 시간과 스마트폰 사용 시
  간이 어른 아이 구분 없이 매일 평균 6시간이 넘는다고 한다.
  지하철에서, 식사 중에, 강의 중에, 심지어는 대화를 하다가 스
  마트폰을 들여다보는 당신은 지금 소비를 하고 있는 것인가?
  투자를 하고 있는 것인가? 아니면 돈을 버는 중인가?

● 나는 종종 TV를 보다가 쓴웃음을 짓는다. '화면 속의 사람들은 인기와 실력을 자산으로 쌓고 있는데 나는 무엇을 하고 있지?' 하는 생각이 들기 때문이다. 당신은 그런 적이 없는가? 그러니 쉼이나 기분전환이 필요하다면 차라리 눈을 감고 명상을 하거나 좋은 음악을 듣거나 산책을 하자. '부자는 조용하고 빈자는 시끄럽다'는 글을 본 적이 있는데, 실제로 TV가 항상 켜져 있는 집에서 독서를 하거나 깊이 있는 사색을 하거나 가족끼리 진지하게 대화하는 장면을 떠올리기는 어렵다.

● 어느 방송에서 축구감독이 인터뷰를 하는데 사회자가 묻는다. "큰 게임을 앞두고 선수들에게 필요한 게 무엇인지요?" 감독이 대답했다. "그동안 체력 소모가 많았어요. 선수들에게는 휴식이 필요합니다." 사회자가 말재주를 부린다. "선수들에게는 휴식이 필요하고, 축구장을 찾은 관중들에게는 운동이 필요하군요." 그래, 스포츠 경기 관람을 즐기는 관중들에게 정작 필요한 것은 스스로 운동하는 것이다.

● 내 친구 중의 하나는 사회생활에서 인간관계와 인맥을 가장 소중히 여긴다. 그래서 어떤 모임이나 경조사에 빠짐이 없다. 정치와 연예, 친구들 동향, 시사 이슈에 관해 모르는 게 없다. 그런데 늘 집밖에 있는 시간이 많아서인지 가정불화가 심하고 생활이 그리 넉넉하지 않다. 그에게 가장 필요한 것은 한 가정의

가장으로서의 책임감과 리더십이 아닐까?

- 다른 한 친구는 요즘 경제적으로 무척 어렵다. 좋은 직장에 다니고 늘 '큰 거', '한 방'을 외치며 주식 투자도 잘해서 별명이 '소(小)재벌'이었는데 한 번의 작은 실패에 자존심 상해하더니 결국 직장을 나와 사업을 했다. 그런데 투자한 사업에서 몇 번의 실패에 이어 금융파생상품 거래로 가진 것을 다 잃었다고 한다. 위험구간을 지날 때 기도를 덜 해서일까?

- 헬스클럽에서 만나 가까워진 양복점 사장님은 건강에 관심이 많다. 몸에 좋은 음식이라면 무엇이든 가리지 않고 운동에도 많은 시간을 투자한다. 이야기하는 걸 보면 이런저런 건강상식도 해박한 듯하다. 그런데 정작 감기라도 걸리면 바로 병원으로 달려가 의사, 약사에게 매달린다. 그들이 건강 전문가이기보다는 질병 전문가라는 것을 모르는 것일까? 그러면서도 자신은 건강 관리를 잘하고 있다고 믿고, 건강에 관한 책을 권하면 다 안다고 말한다.

- 여행은 주머니에서 돈이 빠져나가는 소비 항목이다. 그러나 재충전을 위해 꼭 필요한 여행은 삶을 돌아보고 정화시키는 기회가 되고, 더 큰 도약과 성취를 위한 보약일 수 있다. 그래서 어떤 사람들에게는 여행이 행복한 삶을 사는 가장 큰 꿈이기도 하다. 누군가는 여행을 가리켜 돈이 있다면 소유보다 경험을 사는

것이 좋다는 말로 그 가치를 표현한다. 아마도 재충전을 위한 여행은 비용보다 더 큰 가치를 얻게 될 수도 있으니 투자의 일부가 된다는 관점일 게다.

- 얼마 전에 국수집을 새로 시작한 후배는 지난 20여 년 간 안 해본 사업이 없다. PC방, 커피 전문점, 오뎅 바, 부동산 중개소, 설렁탕 전문점, 빵집 등 다양했다. 잠시 잘 될 때도 있었지만 조금만 어려우면 때려치우기 일쑤였다. 그러면서 "해봤는데 그건 안 돼!"라고 말한다. 깊은 속사정이야 다 알 수 없지만, 그동안 지불한 수업료로 배운 게 무엇일까?

- 네트워크마케팅 비즈니스를 함께하는 파트너 중의 한 분은 스포츠광(狂)이다. 사업에서 성공해 매일 운동을 하며 사는 것이 꿈이라고 핸드폰과 꿈판(dream board)에 새기고 다짐한다. 그런데 직장을 쉬는 주말이면 종종 사업 모임에 오는 대신 사이클이나 스키를 타러 가고 야구장에 응원을 간다. 그러면서 사업 성장이 안 된다고 불평이다. 그분이 '공짜는 없다'는 진리와 '우선순위'의 뜻을 이해하는지 궁금하다.

- 친지 중에 동생뻘 되는 한 친구는 집안 모임에서 볼 때마다 '뭐 좋은 거 없어요?'라고 묻는다. '그 질문에 답을 얻을 수 있는 세미나가 있는데 배움의 기회가 될 수 있으니 한번 참석해 보라'고 3년째 권하고 있다. 그는 관심 없다고 내 권유를 늘 거절하

면서도 만날 때마다 같은 질문을 한다. 매번 같은 것을 왜 자꾸 묻는 걸까?

● 결혼 연령은 늦어지고 출산율도 떨어지는데 평균수명은 자꾸 길어지고 있다. 출산율이 떨어지는 것은 향후 노동력과 소비의 기반이 감소한다는 것이고, 고령인구가 늘고 있다는 것은 복지비와 의료비가 기하급수적으로 늘어나고 있으니 국가적으로는 부채가 늘고 있다는 뜻이다.

∷ 국가의 자산 - 부채 대차대조표

자산 Down	부채 UP
출산율 저하로 미래의 자산 감소	고령인구 증가로 부채 증가

즉 자산은 감소하고 부채는 자꾸 늘어나니 이대로 가면 점점 가난해지는 것은 시간문제다. 다만, 어느 경제학자의 말대로 부채를 다음 세대로 떠넘기면서 연명해갈 수는 있겠지만 말이다.

100세 시대로 접어드는 이때에, 자신과 가족을 위해 지금부터 평생부자의 꿈을 꾸고 준비해야 하는 것은 선택이 아닌 필수임을 다시 마음에 새겨야 한다.

돈은 가치를 따라다닌다

세미나 중에 질문을 받았다. 이 책의 독자들도 비슷한 의문을 품고 있으리라 예상된다.

"소비와 투자, 자산과 부채의 개념은 매우 유용한 배움이었습니다. 그렇지만 모두 부자가 되는 꿈을 갖는 것은 아니잖아요. 그렇게 모든 것을 자산-부채, 소비-투자의 금전적 관점에서 해석하는 게 과연 옳을까요? 예를 들어 TV가 주는 정서적인 만족이나 스포츠를 통한 열정의 발산 등도 우리의 삶을 의미 있게 만듭니다. 그런 의미에서 가족이나 인간관계의 유대감을 위해 함께 음악회나 영화를 보는 것, 자기가 좋아하는 것을 하는 즐거움 등도 살아가는 데 꼭 필요하지 않을까요? 비록 돈과 시간을 소비하거나 자산이 아닌 부채를 구입하는 행위라 해도 말이죠."

나는 그의 의견에 전적으로 동의한다. 늘 금전적으로만 해석하려 든다면 인생이 얼마나 삭막할까? 앞서 이야기했듯 무엇이든 자신에게 가치가 있다면 그러한 가치들 또한 '자산'이라고 할 수 있다. 물론 사람마다 그때그때 중요한 가치들은 다르다. 꼭 금전적인 가치가 아니더라도 말이다.

삶은 많은 가치들로 이루어져 있고, 사랑과 기쁨의 감정들, 음악과 시와 아름다운 그림이 주는 정서, 우정과 관계에서 오는 희로애락의

순간들처럼 금전적 여유와 상관없이 존재하는 많은 가치들이 있음을 안다. 그리고 사랑이 담긴 봉사와 헌신 그리고 목표에 대한 도전과 성취 등도 중요한 가치이며 우리를 행복하게 해주는 것이라는 데 동의한다.

다만 그렇게 살아있음을 느끼게 하는 감성과 감정을 더욱 진하게 경험하고 지속시키려면 금전적 어려움과 그로 인한 걱정, 고민에 붙들려 있지 않아야 한다. 그 모든 것들을 퇴색시켜버리지 않도록 경제적으로 더 똑똑해져야 한다는 말이다.

호주머니가 넉넉해지면 사람들은 더 너그러워지고 파란 하늘은 더 아름답게 보인다. 또 더 많은 것들을 가능하다고 믿게 되고 보다 더 긍정적이 되고 선택의 폭도 넓어지고 좀 더 즐겁고 아름답고 가치 있는 삶을 찾아 움직이기도 한다.

누군가 '가난하지만 행복하다'라고 말하면 나는 호주머니에 그가 원하는 행복이 들어왔을 것이라는 공감을 한다. 문제는 얼마나 오래 지속되느냐다. 사실 우리가 종종 선택하는 감정의 소비 또한 매일 밥을 먹는 것처럼 꼭 필요할 것이다. 어떤 때는 피할 수도 없을 것이다. 다만 너무 많이 먹는다거나 하루 종일 밥만 먹는다면 탈이 생기는 것은 분명한 일이다.

사람마다 소중하게 여기는 가치의 우선순위는 다르다. 자신이 가치 있다고 믿는 것에 집중할 때 이 책에서 배운 것들을 응용할 수 있지 않을까?

가치의 우선순위

결국 각자가 소중하다고 믿는 자산으로서의 가치에 따라 투자의 우선순위를 정해 방향성을 잃지 않고 노력한다면 누구나 삶의 의미를 찾고 완성해가는 과정에서 행복을 느끼게 될 것이다.

이에 관한 의미심장한 이야기로 이 책을 마무리한다.

한 유명 강사가 '시간 관리'를 주제로 강의를 했다. 그는 테이블 밑에서 큰 항아리를 꺼내고는 거기에 주먹만한 돌들을 집어넣었다. 항아리에 돌이 꽉 찼을 때 청중들에게 물었다.

"이 항아리가 가득 찼습니까?"

청중들은 이구동성으로 "예" 하고 대답했다.

"정말입니까?"

그는 되묻고는 테이블 밑에서 작은 자갈들을 꺼내 항아리에 집어넣고 흔들었다. 다시 주먹만한 돌 사이로 작은 자갈들이 가득 차자 그 강사는 다시 물었다.

"이 항아리는 가득 찼나요?"

눈이 동그라진 청중들은 "글쎄요…" 하고 대답을 망설였다.

"좋습니다."

그는 다시 고운 모래를 꺼내 항아리에 부어 넣고는 흔들었다. 큰 돌과 작은 자갈 사이로 가는 모래가 가득 차자 그는 또 물었다.

"이제 다 찼습니까?"

청중들은 무엇인가 깨달은 듯이 자신 있게 대답했다.

"아니요."

그는 준비한 물을 항아리가 넘칠 때까지 가득 붓고는 청중들에게 다시 물었다.

"이 실험이 의미하는 것이 무엇입니까?"

한 청중이 즉각 손을 들고 대답을 했다.

"우리가 아무리 바쁘더라도, 노력하면 그 사이에 새로운 일을 추가할 수 있다는 것입니다."

강사는 잠시 그 청중을 바라보더니 단호하게 말했다.

"아닙니다. 이 실험의 요점은 만일 여러분이 큰 돌을 먼저 넣지 않는다면 절대로 나중에 큰 돌을 넣을 수 없다는 것입니다."

큰 돌을 먼저 넣는다는 말은 "당신에게 가장 소중한 것을 먼저 해야 한다"는 뜻이다. 따라서 투자에 있어 가장 중요한 것은 돈이나 시간 자체가 아니라, 투자할 대상으로서 당신의 삶을 의미 있게 만들어주는 '가치의 우선순위'이다.

당신의 삶에서 먼저 넣어야 할 가장 큰 돌은 무엇인가?

평생부자가 되는
8가지 성공습관

1. 어떤 부자가 되고 싶은지를 명확히 정의하고 구체적으로 상상하라.

2. 소비보다 투자를 선택하라.

3. 자산과 부채를 구분하는 능력을 키워라.

4. 돈과 시간이 올바른 방향으로 함께 일하게 하라.

5. 돈과 시간의 레버리지가 큰 자산에 투자하라.

6. 지출은 멈추지 않는다. 지출을 통제하라.

7. 자신에게 먼저 투자하라.

8. 가치 있는 자산을 지속적으로 키우고 확장하라.

푸어의 시대다. 하우스푸어(house poor), 에듀푸어(edu poor), 카푸어(car poor), 베이비 푸어(baby poor)… 낱말 뒤에 푸어(poor)만 붙이면 머리가 끄덕여지는 현실이다. 한때 내 집 마련에, 아이들 교육에 쏟았던 열정과 근면함이 '너 왜 그랬어?' 하며 야단맞는 시대라는 말이다. 청년실업으로 대변되는 경제적 암울함이 결혼을 늦추고 출산을 포기하게 만든다더니, 이제는 점점 길어지는 평균수명마저 축복이 아닌 재앙처럼 들릴 때가 많다.

한편에서는 힐링(Healing)이 대세다. 유행어가 되었다. 치유, 치료의 의미를 가진 영어단어로 TV 프로그램과 책의 제목에도 쓰이고, 호프집 이름에도 쓰일 정도다. 나름대로 우리를 위로하고 치유를 돕겠단다. 경제적으로 힘들어하고 야단맞고 있으니 말 그대로 마음을 달래주려는가 보다. 아니면 어쩔 수 없으니 잠시 잊기라도 하라는 뜻일까? 병 주고 약 준다는 말을 써야 할 판이다.

238

우리나라 경제가 IMF로 상징되는 경제위기 때보다도 요즈음이 더 어렵다는 이야기들을 한다. 어차피 역사는 전쟁, 경제위기, 전염병, 종교 갈등 등을 겪으면서 돌고 돈다. 그리고 그 중심에는 먹고사는 문제, 즉 경제가 있다. 그렇다 보니 그때마다 경제회복이라는 근사한 명분으로 포장되어 엄청난 양의 돈을 마구 찍어내고 있지만, 대부분에게는 빈익빈 부익부라는 현실의 고통으로 귀결되는 것이 현실이다. 아무리 열심히 일해도 경제적 어려움이 가중되는 것은 그동안 달려왔던 성장의 후유증으로 치부할 만큼 간단치 않아 보인다.

　하루가 다르게 오르는 아파트 가격으로 서민들의 내 집 마련의 꿈이 멀어져 간다고 비판이 비등하면서도, 다른 한편으로 많은 사람들에게 재테크의 희망이 되었던 부동산 경기는 거품 논란과 함께 베이비붐 세대의 은퇴와 맞물려 내 집 가진 중산층들을 위협할 수 있다. 우리의 미래라며 자녀들에게 쏟았던 투자와 희망은 어려운 경제현실

속에서 그저 탈 없이 살아주는 것만으로도 감사하게 생각해야 한다. 가치관이 바뀌면서 자녀들도 부모가 되레 짐으로 느껴질 때가 많은 듯하다.

정말 치유가 필요한 시점이다. 그래서인지 부와 성공을 주제로 '이렇게 노력해보자, 저렇게 준비하고 도전해보자'고 하는 책과 프로그램보다는 그저 한 번 읽고 한 번 보고 잠시 위로받는 것으로 족한 내용들이 베스트셀러가 되고 잠시 웃음을 주는 예능이 세상에 넘쳐나는 듯하다.

그러나 냉정한 현실은 바뀌지 않는다. 자본주의 사회에서, 경제적으로 여유롭지 못한 상태에서 꿈과 희망을 향해 노력하기보다 위로와 감정의 소비를 쫓아다닌다고 해서 걱정과 고민에서 벗어날 수 있을까? 현실이 주는 아픔과 미래에 대한 두려움에서 한치라도 벗어날 수 있을까?

나는 경제적으로 자유로워져서 돈 걱정에서 벗어나는 것이 진정한 치유라고 믿는다. 물론 우리의 삶이 경제적인 것 말고도 많은 가치들로 이루어져 있음을 부정하지 않지만 돈 걱정에서 벗어나는 것이 제일 소중한 가치 중의 하나임에 틀림없다.

그렇다. 우리에게 필요한 것은 힐링 프로그램이나 경기장의 함성이 아닌, 가족의 삶을 풍요롭게 하고 자녀들이 좀 더 높은 곳에서 시작하게 할 수 있게 만드는 금융지능과 이를 현실로 만들어줄 부자의 성공습관을 갖는 것이다. 경제적 자유로움이 주는 가치를 좇아 부자의 꿈을 갖고 다양한 노력과 시도를 하는 과정은 우리의 삶을 의미 있게 만드는 많은 다른 가치들의 실현을 더 용이하게 해준다고 믿는다. '행복한', '존경받는' 같은 가치들 말이다.

 세상에는 나와 같은 꿈을 갖고 그 꿈을 실현하기 위해 노력하는 사람들이 많을 것이다. 무엇이든 나눌수록 더 커지는 시대이니, 내가 배우고 실천한 것들을 공유하면 좋겠다는 생각을 하게 되었다. 일상에서 적용하거나 응용하면서 더욱 구체적으로 넓히고 확장하였기에 충분히 나눔의 가치가 있다고 보았다.

 '확장된 자산의 정의', '가치가 있는 무형의 자산' 같은 새로운 개념들이 정립된 것은 그러한 적용과 응용의 결과다. 그러면서 돈과 시간의 소중함을 새삼 깨닫게 되고, 매일의 삶 속에서 소비를 하고 있는지, 아니면 투자를 하고 있는지가 나의 미래를 바꿀 것이라는 확신도 생겼다. 또한 '소비-투자', '자산-부채'의 개념이 금전적 거래뿐 아니라 우리가 추구하는 많은 가치들, 또 생활의 많은 부분에서 적용될 수 있다는 믿음을 갖게 되면서 이제는 다른 사람들에게 큰 도움이 될 수도 있을 것이라고 생각한다.

 대부분의 사람들이 일 없이 가난하게 지낼 수십 년의 세월을 두려워하고, 청년실업이 늘고 아버지와 아들이 일자리를 놓고 다투는 시대가 오고 있어 막막해하고 있다. 그런 사람들에게는 누구나 호주머니에 꾸준히 돈을 넣어주는 자산을 가질 때만, 그 수입 내에서 지출을 통제할 수 있을 때만 가장 자유로운 삶의 형태로서 진정한 부자의 모습으로 살아갈 수 있다는 조언을 하고 싶다.

이 책의 뒷부분에 비록 짧지만 네트워크마케팅 비즈니스에 대한 소개를 함으로써 '그래서 어쩌라고?'라는 질문에 대안을 제시할 수 있어 다행이다. 평생부자가 되고자 하는 독자 중에는 생각이 닫히고 고정관념이 강한 독자가 없을 것이라고 믿는다. 그런 사람들은 부자든 성공이든 가까이 다가갈 수 없을 테니까. 기회는 열린 사람들의 몫이다.

네트워크마케팅은 빌 게이츠, 워렌 버핏, 로버트 기요사키와 같은 부자들도 긍정적으로 이해하는 좋은 사업 기회 중 하나다. 부자가 되는 꿈을 꾸지만, 부와 성공의 기회를 찾아다니지만 아직 수단을 발견하지 못한 이들에게는 '내가 무엇을 할 수 있을까?' 하는 의문에 대한 중요하고도 어쩌면 유일한 대안이 될 수 있기 때문이다.

부와 성공에 관한 책들이 그렇듯 이 책이 잠시 주먹을 불끈 쥐게 만드는 좋은 말들의 나열이 되지 않으려면 네트워크마케팅 비즈니스에 대한 조망은 꼭 필요했다. 오히려 이 책의 중요한 핵심, '평생부자를 꿈꾸는 자산과 투자에 대한 성공습관 실천하기'에서 크게 벗어날까 염려해 더 자세히 못 다룬 것이 안타깝다.

막상 책을 쓰기로 하고 내용들을 정리하다 보니 가르치는 것이 가장 좋은 공부라는 말처럼 나 자신에게 더 큰 공부가 되고 반성이 되었다. 실제로 나의 실생활을 돌아보니 여전히 소비와 부채로 가득 차 있었다. 그렇지만 평생부자의 꿈을 꾸고 평생부자의 길을 가고 있다고 스스로 주장하는 내가 대견스럽기도 하다.

평생부자가 되려는 노력은 그 자체가 희망이 넘치는 삶의 과정이라고 믿는다. 그렇기에 부족한 점도 많겠지만, 내가 아는 것과 가진 것을 나누면서 다른 사람의 성공을 도우면 나도 성공할 수 있다는 최고의 가치를 믿고, 평생부자의 꿈과 그 꿈을 이루고자 하는 열정을 가진 독자들에게 응원을 보낸다.

이 책을 쓰는 데 도움을 준 다른 저서들(저자명 가나다순)

- 김상운, 왓칭(Watching), 정신세계사, 2011
- 로버트 기요사키 & 샤론 레흐트(Robert Kiyosaki & Sharon Lechter), 부자아빠 가난한 아빠1(Rich Dad Poor Dad), 형선호 옮김, 황금가지, 2000
- 로버트 기요사키 & 샤론 레흐트(Robert Kiyosaki & Sharon Lechter), 부자아빠 가난한 아빠 2(The Cashflow Quadrant), 형선호 옮김, 황금가지, 2000
- 로버트 기요사키 & 샤론 레흐트(Robert Kiyosaki & Sharon Lechter), 부자아빠 의 비즈니스 스쿨(The Business School), 안진환 옮김, 황금가지, 2003
- 로버트 기요사키 & 샤론 레흐트(Robert Kiyosaki & Sharon Lechter), 부자아빠 의 미래설계(Rich Dad's prophecy), 형선호 옮김, 황금가지, 2004
- 론다 번(Rhonda Byrne), 시크릿(the Secret), 김우열 옮김, 살림, 2007
- 루비 페인(Ruby Payne), 계층이동의 사다리(A Framework for Understanding Poverty), 김우열 옮김, 황금사자, 2011
- 말콤 그래드웰(Malcolm Gladwell), 아웃라이어(Outlier), 노정태 옮김, 김영사, 2009
- 버크 헤지스(Burke Hedges), 카피캣 마케팅(Copycat Marketing 101), 박옥 옮김, 나라, 1997
- 버크 헤지스(Burke Hedges), 파이프라인 우화(The Parable of the Pipeline), 박옥 옮김, 나라, 2005
- 빌 게이츠(Bill Gates), 빌 게이츠@생각의 속도(Business@ The Speed of Thought), 안진환 옮김, 청림출판, 1999

- 스티븐 코비(Stephen R Covey), 성공하는 사람들의 7가지 습관(The 7 HABITS of Highly Effective People), 김영사, 1994

- 스펜서 존슨(Spencer Johnson), 선물(Present), 형선호 옮김, 랜덤하우스코리아, 2011

- 앨빈&하이디 토플러(Albin&Heidi Toffler), 부의 미래(Revolutionary Wealth), 김중웅 옮김, 청림출판, 2006년

- 앨빈&하이디 토플러(Albin&Heidi Toffler), 제3의 물결(The Third Wave), 원창엽 옮김, 홍신문화사, 1996년

- 이지성, 꿈꾸는 다락방 1 · 2, 국일미디어, 2007/2008

- 재닛 로우(Janet Lowe)&워렌 버핏, 부의 진실을 말하다(Warren Buffet SPEAKS), 김기준 옮김, Credu, 2008

- 테시마 유로(手島佑郎), 가난해도 부자의 줄에 서라(ゆたやたるむ—どびずねす), 한양심 옮김, 21세기북스, 2002

- 호아킴 데 포사다&엘렌 싱어(Joachim de Posada&Ellen Singer), 마시멜로 이야기(Don't Eat Marchmallow…Yet!), 정지영 옮김, 한국경제신문, 2005

지갑이 마르지 않는 평생부자

개정판 1쇄 발행 2021년 2월 25일
개정판 2쇄 발행 2022년 12월 28일

지은이 윤은모
펴낸이 강효림

편집 곽도경
표지디자인 디자인 봄바람
내지디자인 채지연
마케팅 김용우

용지 한서지업(주)
인쇄 한영문화사

펴낸곳 도서출판 전나무숲 檜林
출판등록 1994년 7월 15일 · 제10−1008호
주소 10544 경기도 고양시 덕양구 으뜸로 130
　　　위프라임트윈타워 810호
전화 02−322−7128
팩스 02−325−0944
홈페이지 www.firforest.co.kr
이메일 forest@firforest.co.kr

ISBN 979−11−88544−62−2 (13320)

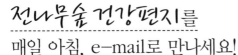

전나무숲 건강편지를
매일 아침, e-mail로 만나세요!

전나무숲 건강편지는 매일 아침 유익한 건강 정보를 담아 회원들의 이메일로
배달됩니다. 매일 아침 30초 투자로 하루의 건강 비타민을 톡톡히 챙기세요.
도서출판 전나무숲의 네이버 블로그에는 전나무숲 건강편지 전편이 차곡차곡
정리되어 있어 언제든 필요한 내용을 찾아볼 수 있습니다.

http://blog.naver.com/firforest

 '전나무숲 건강편지'를 메일로 받는 방법
forest@firforest.co.kr로 이름과 이메일 주소를 보내주세요.
다음 날부터 매일 아침 건강편지가 배달됩니다.

유익한 건강 정보,
이젠 쉽고 재미있게 읽으세요!

도서출판 전나무숲의 티스토리에서는 스토리텔링 방식으로 건강 정보를
제공합니다. 누구나 쉽고 재미있게 읽을 수 있도록 구성해, 읽다 보면 자연스럽게
소중한 건강 정보를 얻을 수 있습니다.

http://firforest.tistory.com